MÉMOIRES
ET
AVENTURES
DU CHEVALIER DE St.-VINCENT.

Juvenilibus annis,
Luxuriant animi, corporaque ipſa vigent.
Ovid.

A LONDRES.

M. DCC. LXX.

LE DÉBUT

OU

LES PREMIERES AVENTURES DU CHEVALIER DE***

PREMIERE PARTIE.

Juvenilibus annis,
Luxuriant animi, corporaque ipsa vigent.
Ovid.

A L****

Et se vend, à PARIS,

Chez ROZET, Libraire, rue St Severin, au coin de la rue Zacharie.

M. DCC. LXX.

AU LECTEUR.

Je prends la plume ; j'écris, & j'écris mon Histoire. Ami Lecteur, je demeure à Paris ; je suis jeune & François : voilà mes excuses.

AU LECTEUR.

Je ne fais point de Préface pour ce petit Ouvrage, parce que rarement les lit-on. J'ai écrit l'Histoire de ma vie pour ma propre satisfaction ; je souhaite, ami Lecteur, qu'elle te procure quelque amusement. Je suis jeune, je m'amuse de peu de chose ; voilà une excuse. Ce n'est pas un Roman que je présente au Public ; ce sont des faits qui arrivent tous les jours, mais dont la lecture réfléchie ne peut être que très-utile aux deux sexes.

LE DÉBUT

OU

LES PREMIERES AVENTURES

DU CHEVALIER DE***

U m'étonnes, mon ami, employer les prières pour obtenir de moi un récit de mes Avantures! eſt-il poſſible que tu ſois déſœuvré au point qu'elles puiſſent t'amuſer? Je t'en ai ſi ſouvent entretenu; tu t'ennuyes à la campagne; les ſermons de ce bon M. le Curé ne font pas ſur toi l'effet qu'en attend ton pere, & tu lorgnes ſa Lizette en l'écoutant. Oh! je te vois d'ici, choiſir pour aller lui rendre visite, le temps où tu le crois occupé à donner la bénédiction à ses vignes. Tu t'empresses auprès de la Sunamite; si tu ne perds pas tes peines, je t'en félicite, mon ami : on est bien heureux quand on peut entrer en partage avec l'Eglise; les hommes sacrés qui la composent ont reçu du Ciel l'heureux don de répandre un charme secret sur tout ce qui les environne. Bien différens de nous autres profânes, des fleurs qu'ils ont soigneusement cultivées, ils les cueillent sans les flétrir. D'ailleurs, ils ont le coup d'œil juste, &

Dieu prodigue ses biens
A ceux qui font vœux d'être siens.

tu sçais si j'ai raison. Au reste, ne t'attends pas ici à une narration brillante & fleurie, je ne t'écris pas un Roman.

J'avois 15 ans, lorsque par je ne sçai quel caprice, mon pere craignant les écueils de Paris, m'envoya en Province finir des études commencées fort nonchalamment, & que je continuai avec autant de négligence. J'entrois en Rhétorique, c'eſt à peu près le temps où l'on ceſſe d'être poliſſon pour devenir libertin. Avec des diſpoſitions & des camarades intelligens, je ne doute pas que mes progrès n'euſſent été rapides ſans un incident, qui depuis... mais alors, il me retint ſur le bord du précipice.

Arrivé dans le lieu de ma deſtination, j'examinai mes condiſciples, & je fis connoiſſance avec un jeune Ecolier de mon âge; ſes inclinations, qui s'accordoient parfaitement avec les miennes, m'attacherent à lui, bientôt il s'établit entre nous une intimité parfaite.

Dulis, c'étoit ſon nom, étoit fils d'un homme, qui jadis Maire, s'étoit diſtingué dans ce haut grade de la Magiſtrature provinciale: vingt fois, en dépit de M. le Procureur du Roi, il avoit fait brûler des Eſtampes beaucoup plus décentes que les peintures que promenent quantité de nos voitures : vingt fois il avoit fait décamper plus vîte que le pas de pauvres diables de colporteurs, qui avoient tâché de débiter le Jardin d'Amour, ou le Cathéchiſme à l'uſage des Filles qui veulent ſe marier : il avoit laiſſé en mourant ce fils, dont je te parle, & une fille. Comme elle ſera l'héroïne de mon Hiſtoire, je vais t'en faire le portrait : c'eſt dans l'ordre.

Mademoiſelle Dulis, déclarée majeure par toutes les Loix divines & humaines, avoit vingt-ſix ans lorſque je la connus ; elle étoit blonde, le pied un peu grand, la main médiocrement belle, mais la peau fort blanche, l'œil gracieux, la taille aiſée & la démarche élégante : elle gagnoit à n'être pas vue en face ; c'étoit le contrepied de la ſemme d'Horace *. Quant à l'eſ-

---

* *Mulier formoſa ſupernè*, dit Horace.

prit, elle l'avoit délicat & même cultivé. Ma liaison avec le fils me rendoit familier chez Madame Dulis; j'y allois souvent, mais sans intérêt: je ne songeois pas à préparer chez moi des sensations que la nature y devoit développer dans peu.

Un beau jour d'été, j'allois à mon ordinaire voir mon ami, & comme la chambre de sa sœur étoit près de la sienne, j'y entrai. Mon dessein étoit d'y faire quelques niches; mais que j'en changeai bien! Couchée nonchalamment dans un fauteuil, Mademoiselle Dulis dormoit profondément. Son sein découvert offroit à mes yeux deux globes charmans, que l'amour lui-même se fut fait gloire d'avoir arrondi. Que devins-je à cet aspect! moi qui n'avois encore rien vû de semblable; mes regards, fixés sur cette gorge divine, épioient avec ardeur l'instant où la respiration la dégageoit davantage: qu'elle me parut belle alors ! Le ſommeil qui donnoit à ſon teint un air repoſé & de plus vives nuances, un jour obſcur, un air chaud, tout ſembloit concourir à célébrer la volupté : je demeurai plus d'un quart-d'heure à la conſidérer avec fureur, & pouvant à peine retenir des transports qui me précipitoient à ſes pieds, je m'arrachai d'un endroit où j'aurois voulu paſſer toute ma vie.

Je m'éloignois vainement ; mon imagination trop fidelle, me retraçoit ſans ceſſe ce ſein d'albâtre que j'avois pû admirer à mon aiſe ; je le voyois dans mes ſonges, & mes ſonges m'occupoient toute la journée. Que n'aurois-je pas donné pour pouvoir encore une fois le contempler ! A quoi ne me ſerois-je pas expoſé pour y appliquer mes lévres brûlantes ! Cette idée me tranſportoit hors de moi-même ; j'allois toujours chez Madame Dulis, mais ce n'étoit plus pour y voir ſon fils ; cependant quoique j'épiaſſe avec ſoin l'heureux inſtant qui m'avoit été ſi favorable, le haſard ne me ſervit plus de même, & le reſte de l'année étoit paſſé, que je ne m'étois apperçu d'aucun progrès dans le cœur de ma Maîtreſſe.

A l'entrée des vacances j'écrivis à mon pere que je reſtois en province pour me diſpoſer à entrer en Philoſophie, & ébaucher avec ardeur mes cahiers que j'obtiendrois aiſément de mon Profeſſeur : reſpectant ma diligence, mon pere, en me laiſſant diſpoſer de moi, m'envoya de l'argent, m'exhortant à ne pas me livrer à un travail immodéré, & à me divertir quelquefois ; ce dernier conſeil étoit trop de mon goût, auſſi me promis-je de le ſuivre.

Cependant Mademoiſelle Dulis m'avoit démêlé. Les vacances me laiſſoient une entière liberté ; & je paſſois près d'elle tout le temps qu'il m'étoit libre d'y paſſer. Son maintien, qui d'abord m'avoit paru sérieux, se déridoit tous les jours & je voyois ses regards s'éclaircir : sa présence faisoit toujours le même effet sur mon cœur, il se dilatoit à sa vue, mon teint s'animoit, & mes yeux avides de tous ses mouvemens, n'en laissoient échapper aucuns. Cette inquiétude ardente, bien plus clairvoyante que la curiosité, me fit faire une découverte qui me déplut; mon Professeur futur venoit souvent chez ma Maîtresse, & je crus avoir surpris entr'eux un coup d'œil d'intelligence qui me désespéra : envain fis-je mon possible pour en perdre la pensée; envain voulus-je par de beaux raisonnemens me convaincre que je me tourmentois par une observation chimérique, qu'un homme consacré à Dieu avoit mis par-là une barrière insurmontable entre lui & les femmes; que jamais l'amour ne pouvoit naître dans un cœur qui avoit pris d'autres engagemens; ce maudit regard me tourmentoit toujours ; je sentois que moi-même eussai-je fait des vœux, je les aurois compté pour rien près de Mademoiselle Dulis ; quant aux graces d'état, je ne sçavois trop si je devois y avoir beaucoup de foi. Je devins sombre, rêveur ; mon maintien changea visiblement : Mademoiselle Dulis s'en apperçut, & cela ne servit pas peu à accélérer mes affaires.

Je t'ai dit qu'elle m'avoit deviné : elle s'attendoit chaque jour, car chaque jour elle m'en donnoit l'occasion, à une déclaration de ma part ; mais j'étois trop jeune pour n'être pas timide. Lui dire que je l'aimois, j'aurois crû lui manquer essentiellement. Jamais je n'aurois eu assez de résolution pour m'exposer à son courroux : elle eut pitié de mon inexpérience.

Un de ces beaux soirs du commencement de Septembre, où la vapeur blanchâtre qui se répand dans les airs, semble y faire nâger le plaisir, assis dans la cour de la maison de Madame Dulis, j'attendois avec impatience que l'objet de mes vœux y parut, elle vint; je volai vers elle, & retournant à la place que j'avois quittée, je m'assis le premier & l'attirai doucement sur mes genoux; quel instant! mon cœur palpitoit avec une violence extrême; je la serrois dans mes bras avec un transport dont je n'étois plus le maître, lorsque faisant un effort pour se débarrasser: « Laissez-moi, me dit-elle, je ne veux » pas paroître nourrir un amour dont » je ne puis plus douter. Je suis donc » au comble du malheur, lui répondis je, oui, oh! oui, je vous aime, » mais pardonnez un aveu que vous » m'arrachez & que toute l'ardeur » d'une passion extrême ..... & quel » est votre espoir? me dit-elle en m'interrompant, à quoi songez-vous en » m'aimant? sommes-nous faits l'un » pour l'autre? pensez-vous donc qu'au » dépens de ma vertu je veuille ja-

» mais . . . » Ah ! ne m'accablez pas, repris-je, en mouillant de mes larmes une de ſes mains qu'elle m'abandonna, « ma conduite mérite-t-elle des re-» proches ? Je voulois vous cacher » mes ſentimens; plaignez moi, puiſ-» que vous les déſaprouvés ; vous » m'allez fuir, vous le devez, & que » ne puis-je n'en pas murmurer. Je » colai ma bouche ſur une de ſes » mains, en attendant ſa réponſe; ah ! » laiſſez, me dit-elle en la retirant, » vous abuſez . . . Non . . il ne faut » plus nous voir, nous ferions mutuel-» lement notre malheur ».

Les meſures qu'elle me propoſa pour que ſans affectation nous puſſions parvenir à nous voir moins ſouvent d'abord, & point du tout enſuite, me parurent ſi juſtes que je n'oſai pas même les combattre. Je la quittai dans le deſſein de ſuivre ſes conſeils, ſi chagrin, que je ne pus preſque fermer l'œil de la nuit. Je me levai, toujours occupé de cette cruelle résolution ; mais comme poussé par une force inconnue, mes premiers pas se porterent sans réflexion vers ce même objet que je me promettois si fort de ne voir jamais ; cependant l'idée fatale que j'agissois contre le parti que j'avois pris intérieurement, & dont malgré mes efforts je ne pus me distraire assez long-temps, me ramena de la moitié du chemin. Je rentrai déterminé à ne pas sortir de la journée, & je me tins parole.

A peine fus-je dans mon azile, que j'y fus assailli par mille pensées diverses. Le contour enchanteur de cette gorge charmante, tableau toujours répété & toujours nouveau pour mon cœur ; ces yeux si tendres & si pleins de feu ; le doux charme de cette voix sonore, dont la moindre inflexion jettoit le désordre dans mon ame ; ces images m'agitoient avec tant de violence, que je fus vingt fois sur le point de rompre mes sermens. J'avois besoin de toute ma force pour résister au tourbillon qui m'entraînoit ; & me trompant moi-même, je regardois, du moins avec avidité, par une fenêtre d'où je découvrois les siennes. Ne l'appercevant point, je retournois à mon imagination. Qu'il sera fortuné, m'écriois-je, l'heureux mortel qui pourra la posséder ! Je me rappellois cet instant d'attendrissement pendant lequel elle m'avoit abandonné sa main ; je me flattois de pouvoir lui faire changer la loi cruelle qu'elle m'avoit imposée, lorsque mes réflexions, *gagnant pays*, me la représenterent entre les bras de mon Professeur : Ah ! dis-je, il n'y faut plus penser, elle l'aime, ils s'adorent, & peut-être tout ce qu'elle m'a dit n'est-il que pour écarter un témoin incommode. Dans ces instans peut-être goûtent-ils ensemble des plaisirs sans bornes. Cette idée me transporta tellement que, je t'ai parlé des cahiers de mon Professeur, je fus tenté dans un accès de fureur de les brûler ou de les déchirer, & si je ne succombai pas, ce fut à la multitude des projets de vengeance que je formai, que mon rival dût l'inexécution de celui-là. Je ne dinai point, je soupai peu, je me couchai sans attendre le sommeil, mais je m'endormis enfin, & si profondément, que je ne me reveillai le lendemain, que fort tard.

Je n'avois pas laissé de faire d'assez jolis rêves, & je m'en entretenois, lorsque mon ami entra dans ma chambre; il commença par badiner sur ma paresse; il me raconta fort exactement les avantures qu'il avoit eu le jour précédent à la chasse: il finit en me disant que sa sœur l'avoit chargé de venir me prendre & que nous irions ensemble à leur campagne. Juge si je fus bientôt habillé. Je le suivis, & j'abordai sa sœur avec un air d'embarras, dont heureusement personne ne s'apperçut qu'elle. Nous déjeunâmes & nous partîmes.

Mon ami s'étoit emparé d'un fusil; pendant le chemin, il vit quelques beccafigues: il s'éloigna pour les tirer, & nous restâmes seuls. Je serrois tendrement contre mon sein le bras de Mademoiselle Dulis qu'elle avoit passé dans le mien, & j'attendois les yeux baissés qu'elle daignât entamer la conversation. Nous marchâmes quelques-temps en silence: elle le rompit enfin. » On ne vous a point vû d'hier.. » Non je n'ai pas cru devoir ... Ah! » je suis trop heureux. Vous vous êtes » apperçue de mon absence. Que ne » puis-je ..... moi? & pourquoi » voulez-vous que ... Non, reprit- » elle après m'avoir regardé d'un air » touchant, nous ne sommes pas nés » l'un pour l'autre. » Son frere nous joignit alors, & la conversation devint générale à mon grand regret.

Arrivés, nous cueillîmes des pêches, des noix, & Mademoiſelle Dulis ayant témoigné avoir envie de manger du raiſin, je me diſpoſai à aller lui couper du muſcat qui étoit au haut de la vigne. Pour l'intelligence de mon hiſtoire, il faut abſolument que je te faſſe la deſcription du lieu où nous étions.

Sur une aſſez belle pleine pour le pays, s'éléve un côteau pierreux, chargé de vignobles, qui produiſent un raiſin délicieux; au bas eſt un pré terminé par un étang qui borne la vue à un horiſon bleu infiniment agréable; le côteau eſt ſéparé du pré par un ancien chemin, bordé de haies vives tellement élevées, qu'elles forment un berceau preſqu'impénétrable aux rayons du ſoleil, au pied du côteau, le chemin fait un coude, de ſorte qu'il eſt impoſſible d'y arriver ſans ſe faire entendre: Je t'ai dit que pour ſatisfaire au goût qu'avoit marqué Mademoiſelle Dulis j'avois grimpé au haut de la vigne, j'y demeurai

demeurai quelques-temps, ne trouvant pas d'abord les ſeps que je cherchois, & lorſque je deſcendis, j'apperçus Mademoiſelle Dulis, qui marchoit ſeule vers le chemin que je viens de te décrire. Je me hâtai de la joindre, elle me dit que ſon frere étoit allé ſur les bords de l'étang, dans l'eſpérance de faire lever quelques ſarcelles ou quelques poules d'eau, & que nous l'attendrions à l'ombre. En entrant dans cette eſpéce de boſquet, je ſentis un doux frémiſſement; je regardois Mademoiſelle Dulis, elle s'en apperçut, aurois-je cru qu'elle eût dû m'entendre ? Ce fut dans un endroit un peu ſombre & où le gazon formoit un petit amphithéâtre qu'elle voulut s'aſſeoir; je m'aſſis auprès d'elle un peu plus haut cependant; je lui parlois peu & ſans beaucoup de ſuite, mais mes yeux la dévoroient, & que je liſois de tendreſſe dans les ſiens! Elle repoſa ſa tête ſur un de mes bras; je voyois ſa reſpiration ſe preſſer, ſes couleurs devenoient plus vives : nous étions tombé dans le ſilence. J'avois feint de placer plus commodément ma main ſous ſa tête, elle s'égaroit doucement ſous ſa reſpectueuſe, & mon cœur ſembloit prêt à ſe liquéfier à l'inſtant où j'atteindrois à ce but tant deſiré, lorſqu'elle l'arrêta cette main, & la porta ſur ſa bouche. Que devins-je alörs, mon ami, un feu brûlant ſe gliſſe dans mes veines, j'uſai du privilége accordé à ma main ; un premier baiſer fut ſuivi d'une foule d'autres. Qu'elle ſçut me les rendre délicieux ! Mon ame errante ſur mes lévres s'enyvroit de volupté, & ma main qui n'avoit plus rencontré d'obſtacles, preſſoit délicieuſement ce ſein délicat qui m'étoit enfin abandonné. J'y portai ma bouche enflammée ; oh ! mon ami, le ſalpêtre ne s'embraſe pas auſſi promptement : étoit-ce la ſympathie ! ſes yeux ſe fermerent en même-temps

& ses soupirs précipités se mêlerent aux miens. Dans quel torrent de plaisirs me trouvai-je plongé ! Uu fleuve de délices couloit dans mes veines, la volupté m'avoit pénétré ; je la savourois ; heureux moment, tu seras toujours pour moi une source féconde de sensations délicieuses.

Cet état charmant auroit fini sans doute, mais il auroit duré trop long-temps s'il eut dû sa fin à la nature, il étoit trop parfait. Un des chiens de mon ami vint nous en tirer sa sœur & moi ; son maître n'étoit pas loin : nous nous levâmes tous les deux & nous fûmes à sa rencontre.

Je n'ai jamais fait de plus agréable promenade que ce jour. Nous reprîmes le chemin de la Ville, elle s'appuyoit sur son frere & sur moi, j'avois sa main dans une des miennes, je la lui serrois de temps en temps, & ses regards me parcouroient avec complaisance. Nous nous quittâmes ; je revins à ma penſion l'eſprit content & ſatisfait.

Je devois applaudir à ma bonne fortune, après des progrès auſſi marqués, je pouvois ſans témérité porter loin l'eſpérance. Auſſi le lendemain dès que l'heure où je devois la rencontrer fut arrivée, je volai chez elle; on me dit qu'elle étoit ſortie. J'y retournai l'après dîner, elle étoit allée ſe promener avec une Couſine & mon Profeſſeur. Cette nouvelle me détermina à courir ſur leurs traces; mais je ne pus jamais les rencontrer. Pendant quatre jours je fis de vains efforts pour pouvoir la voir ſeule un inſtant, elle en éloigna toutes les occaſions, & quand j'étois avec elle en compagnie, elle gardoit un air triſte, affectant de ne jamais jetter les yeux ſur moi. Ce manége, qui m'étoit une énigme inſoluble, me déſeſpéroit; l'ombre du bonheur que j'avois embraſſée, s'étoit évanouie entre mes bras. Enfin ennuyé de faire tant de pas inutiles, je résolus, comptant peut-être que comme la premiere fois mon absence me seroit de quelque utilité; je résolus, dis-je, de passer quelque temps sans la voir. Je ne réussis pas; voyant qu'au bout de trois jours je n'en avois point de nouvelles, j'allai lui faire une visite. Je fus plus heureux cette fois-ci; je la trouvai seule. Elle se leva en me voyant; quel miracle vous amene, me dit-elle, je vous ai cru malade? Pouvez-vous, lui dis je, en la regardant tendrement, me demander ce que vous sçavez si bien, votre indifférence m'avoit éloigné, & mon amour me ramène malgré moi & malgré vous sans doute. Ses yeux, qu'elle avoit arrêté sur moi, se baisserent alors; elle s'assit; je tenois une de ses mains; je me mis à ses genoux pour goûter à mon aise la douce satisfaction de la couvrir de baisers. Ce fut alors qu'elle reprit la parole. Je ne pourrai donc plus vous regarder ſans rougir ; j'ai perdu cette pureté de vertu qui me répondoit de votre eſtime. O ! vertu, s'écria-t-elle, qu'il en coûte pour te conſerver ! un moment, un moment détruit les fruits d'une réſerve cruelle. Cette apoſtrophe, & quelques larmes que je crus appercevoir le long de ſes joues, me toucherent ſenſiblement ; j'ai le cœur tendre.

J'eſſayai de la juſtifier à elle-même : « De quoi donc êtes-vous coupable : » mon ardent amour vous deshonore-t-il ? il égale votre mérite. » Seriez-vous avilie par les légères » marques que vous m'avez données » de votre ſenſibilité ? Il eſt ſi beau de » porter une ame ſenſible. Concevez » des idées plus nobles d'un ſentiment » ſi pur ; partagez-le plutôt ; vous verrez qu'il eſt la ſource des plus doux » plaiſirs. Et pouvez-vous douter que » je ne le partage, me répliqua-t-elle ; » oui, quoiqu'il m'en coûte à le dire,

» je ne puis plus le dissimuler, je vous » aime; mais, mon tendre ami, pro» mettez-moi que satisfait de mon » cœur, vous n'exigerez jamais autre » chose, & que vous respecterez ma » foiblesse. Je le promis : aurois-je cru qu'elle n'agissoit pas de bonne foi !

Elle me parut enchantée de ma promesse, un baiser scella notre raçommodement; elle me fit lever de ses genoux, asseoir auprès d'elle, & bientôt il ne resta pas la moindre teinte de la tristesse du commencement de notre entretien.

La présence d'une Maîtresse adorée faisoit sur mes sens un trop puissant effet; mes desirs se ranimerent, je voulus rentrer dans mes droits; mais pour n'avoir point observé le moment favorable à ces sortes d'entreprises, je les perdis. Mademoiselle Dulis réprima mon audace, & trop bien; elle me reprocha un si prompt oubli de ma parole; je prétendis envain me disculper, elle voulut que je ne fusse justifié qu'à titre de pardon : elle le voulut, elle y perdit. Au reste étoit-ce sa faute ; pouvoit-elle penser qu'après tant de vivacité je serois si circonspect ?

Je m'en tins désormais au baiser ; c'étoit envain qu'elle s'évanouissoit dans mes bras, que son visage se coloroit d'un vermillon plus décidé, que ses yeux paroissoient s'éteindre, & que je savourois sur ses lèvres ce nectar précieux, avant-coureur de la volupté, je n'osois aller plus loin. Criblé de desirs, brûlé de feux, je résistois à mes transports. J'aurois vû plus d'une fois que ma réserve ne lui faisoit pas tant de plaisir, avec un peu plus d'expérience : j'en manquois.

Les vacances se passerent, il fallut rentrer en classe ; adieu ces doux momens de liberté, il falloit dorénavant y renoncer, ou user d'une adresse infinie pour faire naître quelques

minces

minces occaſions, dont ſouvent même je ne profiterois pas.

Mon Profeſſeur, qui m'inquiétoit toujours, fut celui ſur qui je voulus me vanger. Il avoit de l'eſprit; mais il n'étoit rien moins que ſçavant: je m'appliquai avec une ardeur incroyable à l'étude pour avoir le plaiſir de le chicaner ſur tous ſes ſentimens: je l'embarraſſai plus d'une fois: mes camarades divulguoient ſouvent nos diſputes; on m'aimoit, je fis du bruit, & quelques mauvais couplets de chanſons fixerent ma réputation. On ne me regarda preſque plus comme un apprentif Philoſophe.

Mademoiſelle Dulis même ne fut pas inſenſible à ma gloire. Elle ſe prêtoit avec grace à toutes les entrevues que je pouvois lui propoſer; mille baiſers donnés & mille fois rendus en étoient la ſuite; je n'avois pas le courage de paſſer outre. J'étois ce Voyageur, qui mourant de ſoif pendant les chaleurs de l'été, voit couler dans un enclos le cristal limpide d'une fontaine. Je périssois, lorsqu'enfin l'heureux instant arriva.

Le Mardi gras je vis Mademoiselle Dulis; elle avoit été au bal le jour précédent, & notre conversation roula sur le plaisir qu'on y goûte. Elle m'en fit une description brillante & voluptueuse: je l'interrompois par de fréquens baisers. J'essayai à la fin de son discours, de me remettre en possession de ces aimables collines, dont la vue momentanée n'avoit fait qu'irriter mes desirs; mais je l'avois si fort accoutumée à mon respect, qu'elle s'opposa à mes premieres tentatives. « Eh! quoi lui dis-je, en la regardant, de l'air le plus touchant: « ce que vous accordez » dans un bal aux regards d'une foule » de spectateurs, vous le refuseriez au » plus tendre de tous les hommes? Quelle injustice est la vôtre. Je ne sçai si ce furent mes paroles ou le ton que je leur donnai qui la persuada, ou si plutôt elle se lassoit de sa résistance; car je n'avois pas perdu un instant mon objet de vue: mais enfin elle se laissa vaincre.

Je vis tout mon avantage, & je résolus d'en profiter. Je me jettai à ses genoux, & tenant mes levres colées sur son sein: Je m'apperçus qu'elle partageoit le délire où j'étois tombé. Elle pencha la tête sur son fauteuil, & l'épithéte de méchant qu'elle me donna, en laissant tomber ses bras sur les miens, acheva de me perdre. Je quittai la posture où j'étois, & bientôt cueillant sur sa bouche les faveurs que son sein m'avoit prodiguées; je me vis au comble du bonheur. La nature libérale prolongeoit mes plaisirs; mais quel fut mon étonnement, lorsque Mademoiselle Dulis, que je croyois les partager, se débarrasse brusquement de mes bras, & me fait les reproches les plus amers. Je restai pétrifié : je voulus vainement lui balbutier quelques mots d'excuse ; les paroles expirerent dans ma bouche : je sortis sans avoir pû lui répondre. Pendant quelques jours elle fut inéxorable, lorsque je parvenois à m'approcher d'elle, sans paroître émue de mes paroles : elle m'écoutoit en silence ; mon crime commençoit à me paroître grave, quand enfin elle voulut bien se prêter à ma justification. Qu'il est doux de se reconcilier avec une Amante que l'on aime ! Je crus la conquérir une seconde fois. Peu de façons : je vis ce qui l'avoit mise en colère ; une répétition de mon secret nous mit l'un & l'autre à notre aise. Quels heureux jours que ceux que je passai depuis !

Mademoiselle Dulis étoit si voluptueuse, qu'elle en paroissoit tendre, & cette volupté, on la respiroit auprès d'elle. Je me la rappelle dans ces momens si doux se refusant à mes desirs,

& sollicitant elle-même mes faveurs : je l'ai vu résister à mon empressement, m'animer par un souris, & se livrer ensuite à mon ardeur avec toute la vivacité possible : Je l'ai vû me prodiguer les témoignages les plus passionnés de son amour, & m'accabler des plus tendres caresses : toujours différente & toujours la même ; toujours impregnée du goût le plus vif pour les plaisirs, je goûtois dans sa possession tous les charmes du changement. Je vis couler cette année avec une rapidité qui m'étonne encore aujourd'hui. Seulement mon Professeur me chagrinoit de temps en temps ; mais ma Maîtresse qui observoit ces nuages, les dissipoit avec tant d'adresse, qu'ils ne troubloient qu'à peine la sérénité des beaux jours qui se levoient pour moi. Au reste ma jalousie m'étoit fort utile : je lui dois le peu de progrès que j'ai fait dans l'étude ; & mon Professeur, qui ne soupçonnoit pas mon intrigue, lui faisoit ſouvent ma cour en me rendant juſtice. Ta cour, diras-tu, oui, ma cour. Les éloges qu'il ne pouvoit s'empêcher de me donner flattoient ſon amour-propre. Cette paſſion, qui ne perd ſes droits nulle part, les conſerve ſur-tout chez les femmes. Dans un homme de rien & dans un ſot, les femmes ſont flattées du pouvoir de leurs charmes, & elles ſe plaiſent à voir un bel eſprit ou un millionnaire, partager la ſecrete admiration qu'elles ont pour elles-mêmes. J'avois donc atteint le faîte du bonheur; amoureux & me croyant aimé: quel ſort aurois-je préféré au mien, & quel ſort encore me paroît préférable à celui-là? Tous les inſtans que je pouvois dérober à la contrainte où l'on me retenoit, je les donnois à Mademoiſelle Dulis; & tous ceux que nous pouvions employer, l'étoient. Indifférents ſur le théatre de nos plaiſirs, pourvu qu'il fut ſecret, les occaſions naiſſoient de l'envie que nous avions de les trouver, & l'amour, dont nous ſuivions les conſeils, ne nous en fit jamais repentir.

Enfin les vacances arriverent : je l'avois prévu ; mon pere voulut abſolument me revoir : il me fallut quitter Mademoiſelle Dulis. Que de larmes nous répandîmes avant de nous ſéparer ! Que de ſermens d'être toujours fidèles nous nous fîmes mutuellement ! tu jugeras de leur ſincérité.

J'étois réellement triſte en arrivant à Paris. Pendant les premiers jours, je fis avec mon pere pluſieurs viſites, qui ne contribuerent pas à me faire perdre ma mélancolie. Enfin, il me mena chez Madame V... nous y fûmes parfaitement reçus, & j'apperçus dans ſa politeſſe une diſtinction qui me fit plaiſir.

Madame V... avoit été très-bien, & n'étoit point encore mal : elle avoit à la vérité perdu ſa taille ; mais elle avoit la main charmante & la gorge d'une blancheur à éblouir. Cette derniere eſpéce de beauté m'a toujours trouvé très-ſenſible. Elle m'invita gracieuſement à venir lui tenir compagnie pendant les après-dîner, que je n'aurois pas deſtinés à quelque amuſement plus intéreſſant. Comme je lui répondis que je ne voyois rien qui fut capable de me dédommager du plaiſir que j'aurois auprès d'elle; elle m'invita à revenir le lendemain, & je l'aſſurai qu'elle me prévenoit ſur la permiſſion que j'allois lui en demander. Nous la quittâmes aſſez tard; elle m'embraſſa en ſortant, & j'eus l'audace de me ſervir de la méthode charmante que la nature & la Dulis m'avoient ſi bien appriſe, elle ne m'en parut pas autrement ſcandaliſée.

J'attendis, avec une ſorte d'impatience, l'heure fixée; elle vint: je courus où je croyois que m'appelloit le plaiſir. Je trouvai Madame V... dans un négligé piquant, l'art n'y paroiſſoit point; ſes cheveux arrangés à l'air de ſon viſage, lui prêtoient preſque la fraîcheur de la jeuneſſe.

Un mouchoir noir de deux grands
doigts trop court,
Sous ce mouchoir, ne ſçai quoi fait
au tour,

Je m'imaginai trop bien le reſte. La poſition où elle ſe trouvoit, lui étoit très-avantageuſe; deſorte que ce que je te décris ici, je l'avois enviſagé du premier coup d'œil: elle ſe leva nonchalamment; mais un déſordre.... Oh! mon compliment m'échappa; à peine lui fis je une très-gauche révérence, car je ne ſçavois ce que je faiſois.

Madame V... s'en apperçut bien; mais mon trouble la flattoit trop pour qu'elle ne l'excuſat pas. Elle me prit par la main, & me la ſerrant doucement, elle me fit aſſeoir auprès d'elle. Je voulus raſſurer ma contenance & la regarder : mes regards s'arrêterent ſur ſon ſein ; & mes idées ſe confondant de plus en plus, je rougiſſois, je pâliſſois, & je ne diſois mot.

La converſation ne prenoit pas un tour à devenir brillante, & je doute que j'euſſe parlé de moi-même, ſi Madame V. . . ne m'eût enfin adreſſé la parole. « Je me veux mal de vous » avoir engagé à venir me voir : vous » vous ennuyez. Moi, Madame, repris» je avec feu ; pouvez-vous me trai» ter auſſi injuſtement, & peut-il » naître auprès de vous l'ennui ? Non, » vous inſpirez de plus doux ſenti» mens ; & . . . . hé bien, vous en » reſtez-là, quels ſont donc ces ſenti» mens que j'inſpire, me dit-elle ? » que penſez-vous donc ? quoi » vous me refuſez, reprit-elle encore d'un ton perſuaſif, voyant que je ne répondois pas. « Ah ! Madame, ne me preſ» ſez point, que ſçais-je, ſi l'aveu de » mes ſentimens vous ſeroit agréable ;

» & puis, lui dis-je, pourrois-je vous » exprimer ce que je reſſens? Je me » tus. » Le pauvre enfant, dit Madame V. . . en badinant avec mes cheveux; mais ſçavez-vous que vous êtes un petit fripon; j'avois deſſein hier de vous gronder: aujourd'hui vous avez été ſage.

Je ſentis que ſes applaudiſſemens étoient des reproches; je ne l'avois point embraſſée: je voulus réparer ma faute. Elle s'y oppoſa foiblement: que dis-je? elle s'y prêta; & enſuite? Oh! bientôt je ne me ſouvins plus de Mademoiſelle Dulis, où ſi ſon image vint ſe retracer dans mon imagination, elle ne ſervit qu'à me faire plus amplement violer tous les ſermens que je lui avois faits. Nous n'eûmes ce jour-là Madame V... ni moi le loiſir de nous ennuyer.

Je revins chez mon pere yvre de plaiſirs; le feu de la volupté avoit animé mon teint; mes deſirs ſatisfaits sembloient se repeindre avec plus d'avantage dans mes regards : jamais je ne me suis senti plus d'ardeur.

Je vis en entrant chez nous une jeune voisine qui étoit venu voir ma sœur ; un air d'innocence, que son âge, qui ne paroissoit pas de plus de dix-sept ans, faisoit trouver vraisemblable ; un sourire ingénu & des regards timides, m'engagerent à lui dire ce que mon imagination échauffée pût me fournir de plus flatteur : elle paroissoit craindre de prendre plaisir à m'écouter : elle feignoit de ne point m'entendre ; mais une aimable rougeur qui coloroit alors ses joues, la décéloit malgré ses précautions. Je l'accompagnai jusques chez elle ; je lui demandai la permission de l'embrasser : elle ne voulut pas me l'accorder ; je tenois sa main ; il fallut me contenter d'y appliquer mes lévres, dans l'instant où elle la retiroit ; me trompois-je ? Je crus l'entendre soupirer.

Occupé de Madame V... je retournai le lendemain chez elle, le ſur-lendemain. Je ne paroiſſois preſque pas chez nous. Madame V... m'avoit donné la clef d'une porte de derriere qui donnoit dans un jardin : je pouvois aller la voir quand je le voulois : point de prélude, l'amour tenoit toutes prêtes les couronnes dont il ceignoit nos fronts. Madame V... étoit preſſée de jouir.

Elle me dit un jour qu'on l'avoit engagée à partir pour la campagne, mais que ſon voyage ſeroit court. Que huit jours ſans moi lui paroîtroient trop longs ; & qu'elle ne partiroit que le jour ſuivant : j'employai toute mon éloquence pour la remercier ; quel plaiſir d'avoir de ſemblables obligations ! Le tour que je donnai à mon compliment toucha Madame V... Nos adieux furent des plus tendres.

Quoique le beſoin, plutôt que l'amour, m'eut attaché à Madame V...

ſon abſence ne laiſſoit pas de me faire un vuide déſagréable. Je m'aviſai par un motif de galanterie Eſpagnole d'aller me promener dans ſon jardin. En m'avançant vers un cabinet de verdure, je crus entendre ſa voix; j'en treſſaillis; je me félicitois déjà de mon bonheur; je m'approchai: Chevalier, diſoit-elle, car je ne m'étois pas trompé; « vos frivoles excuſes vous condamnent encore; je prodigue tout à un » ingrat qui me trahit, & pour qui, » peut-être. » Ah! ma chere Maman, répondoit une voix que je ne connoiſſois pas. « Quels reproches vous me » faites! manquai-je à tous les rendez-vous que vous me donnez? Il » eſt vrai que je ne vous arrache pas » vos faveurs; mais l'amour n'exige-t-il pas une entiere liberté? Je vous » vois rarement; puis-je pourrir ignoblement dans mon appartement, en » attendant le moment de vous ennuyer dans le vôtre? D'ailleurs,

» comment manquer des parties ar-
» rangées, & dont on me met quel-
» quefois malgré moi? Je vous trahis;
» moi? Je serois puni par mon cri-
» me même.

Ce discours que j'entendis très-distinctement me rendit curieux; j'écartai quelques feuilles, & j'apperçus Madame V... assise sur un banc de gazon, le Chevalier étoit sur un de ses genoux, il avoit la main dans le sein de Madame V.. qui de son côté... .... Je fus si ému à cet aspect, que faisant du bruit pour me dégager, je donnai le temps à Madame V... & à mon Rival de se remettre. Je tournai vers la porte du cabinet, & m'avançant vers Madame V... Je lui présentai sa clef; Madame, lui dis-je, « elle m'est inutile pour sortir ». Madame V... me parut surprise au dernier point: elle ne me répondit pas: je sortis, & ne l'ai pas revue depuis.

Mon amour-propre mortifié me fit ſupporter cette trahiſon avec un chagrin extrême ; je reſtai chez nous tout ce jour, & le ſuivant où j'étois dans la même réſolution, m'y confirma encore. Je liſois dans la chambre de ma ſœur, lorſque notre jeune voiſine entra : je quittai mon livre promptement, & lui préſentant un fauteuil, je l'y fis aſſeoir avec un empreſſement dont elle rougit : je la trouvai charmante, & je m'étonnai de l'avoir ſi peu remarquée la premiere fois que je l'avois vue.

Elle me demanda par quel haſard on me rencontroit à la maiſon, ſa demande m'embarraſſa ; mais aidé par ma ſœur, je me remis & nous jasâmes bientôt à qui mieux mieux.

Il y avoit à peine une heure que la belle Mathilde étoit avec nous, qu'elle ſe diſpoſa à nous quitter ; je fis mes efforts pour la retenir ou pour l'accompagner : elle refuſa l'un & l'autre,

tre, & ſortit en diſant quelques mots à l'oreille de ma ſœur.

Il fallut peu preſſer ma ſœur pour en obtenir le ſecret de ſa compagne. Les femmes ne ſont diſcrettes que ſur ce qui les regarde perſonnellement. Elle m'apprit que Mademoiſelle Mathilde alloit ſe marier, que ſon prétendu devoit la venir prendre, elle & ſa mere, pour les conduire dans une maiſon qu'il avoit ſur le Boulevard. Je lui demandai ſon nom; elle me dit qu'il s'appelloit Moranval, & que Mademoiſelle Mathilde ne l'aimoit pas. Je n'eus pas de peine à le croire. En effet, peins-toi M. Moranval; c'étoit un grand homme ſec, vieux, dégoûtant, ladre & quinteux; pouvoit-elle aimer un pareil animal? Il étoit riche, à la vérité; mais quoi, cette qualité peut-elle ſuppléer à celles qui manquent d'ailleurs? Crois-tu Mademoiſelle J... plus heureuſe pour avoir épouſé B....?

N'être plus fille & l'être cependant.

Ma sœur me dit encore qu'elle étoit fort liée avec Mademoiselle Mathilde qui venoit la voir réguliérement tous les jours : je feignis de prendre peu de part à toutes ces nouvelles ; mais qu'il s'en falloit que je fusse indifférent !

Ce commencement de passion avoit tellement effacé Madame V.... de mon esprit, que je voyois entr'elle & moi une espace de six mois au moins : Mademoiselle Dulis conservoit plus de part à mon souvenir : je me reprochois ma légéreté ; mais je l'avois déjà trahie pour Madame V.... Il en est de la fidélité comme de l'honneur :

L'on n'y peut plus rentrer dès qu'on en
est dehors ;

D'ailleurs, à quoi lui auroit servi ma constance ? La belle Mathilde vint le lendemain ; je la regardai tendrement ; je parlai ſentiment , amour pur, fadeurs, langage de Roman ; & à la fin de la viſite, qui fut longue, j'étois en poſſeſſion de lui ſerrer la main ſans qu'elle s'en défendit. Juge des eſpérances que durent me faire concevoir de pareils commencemens ? Il me fut permis de la reconduire, & je ne perdis pas mon temps : j'étois preſque amoureux, il me fut aiſé de jouer le paſſionné.

Il me vint dans l'idée de faire une Lettre que je lui rendrois le lendemain ; j'en fis cinq ou ſix brouillons : je ne ſçais par quel hazard je les ai conſervés ; je t'en envoie un.

MADEMOISELLE,

Je ſerois bien malheureux, ſi en vous diſant que je vous aime je vous apprenois une nouvelle. Vous êtes trop pénétrante pour n'avoir pas lû dans mes yeux l'ardeur qui me consume ; je vous adore, je ne puis plus le taire. Ce libre aveu va vous irriter, je le sens ; mais il m'est aussi impossible de résister à la violence de ma passion, que de modérer mon désespoir si vous devez y rester insensible.

Je lui remis ma Lettre le lendemain; & pour qu'elle ne fit pas difficulté de la recevoir, je la lui donnai comme une chanson dont je la priois de me dire son sentiment. Elle ne s'y trompa pas, elle rougit en la prenant; & sa main tremblante se déroba à la mienne qui vouloit la serrer.

Le reste du jour & la nuit qui le suivit me parurent d'une longueur effroyable. J'étois sur les épines une heure avant celle où elle arrivoit ordinairement. Je craignois que ma démarche ne l'eut éloignée pour quelque temps, pour toujours peut-être. Je me promenois à grands pas dans la chambre de ma ſœur qui étoit ſortie, lorſqu'elle vint enfin avec ma ſœur elle-même, qui, en paſſant, l'avoit été prendre chez ſa mere.

Sa vue me débarraſſa d'un poids de cent livres ; elle paroiſſoit changée ; ſes couleurs étoient moins vives, & ſes yeux étoient remplis d'une douce langueur. Je m'informai de ſa ſanté du ton le plus affectueux, elle ne me répondit rien ; mais quelque temps après, pendant que ma ſœur étoit occupée à faire quelque choſe, elle me remit d'une main timide un papier que je jugeai bien contenir une réponſe à ma chanſon prétendue : je le pris avec empreſſement, & ſous je ne ſçai quel prétexte je ſortis pour le lire. Le Billet étoit conçu en ces termes :

J'ai reçu votre Lettre, & je vous fais réponſe ; c'eſt bien moi qui ſuis malheureuſe. Il eſt vrai, je me ſuis apperçue de votre tendreſſe, & vous même avez bien connu que je n'y étois pas insensible, autrement vous n'auriez pas osé me la découvrir. Je vais devenir la femme d'un autre; il ne me restera que le chagrin de vous avoir vu. Que ne puis-je vous oublier!

Je retournai chez ma sœur; Mademoiselle Mathilde en étoit partie. Que te dirai-je? Depuis nous nous écrivions réguliérement tous les jours. Comme sa mere lui permettoit de venir passer les après-dîner chez nous, le soir je l'accompagnois, & je profitois de ce temps pour lui parler de mon amour.

Après plusieurs instances j'obtins la liberté de monter avec elle dans sa chambre. O! mon ami, qui n'auroit pas été téméraire? l'aimable Mathilde me souffroit à ses genoux; ses mains étoient en proie à mes transports; sa bouche, son sein.... je touchois sans doute au moment heureux, lorsque nous entendîmes frapper à la porte.

Je me jettai dans un cabinet de toilette. Elle ouvrit, & nous vîmes entrer ſa mere & le mauſſade Moranval. On la gronda de ce qu'elle s'enfermoit ainſi ſeule: Mathilde, en ſe remettant ſur ſon lit, s'excuſa ſur une migraine affreuſe. La mere & le futur diſſerterent ſur la nature & ſur la cauſe de cette maladie; & pendant que Moranval jugeoit à ſon pouls, qu'il trouvoit extrêmement ému, qu'elle avoit une fiévre violente, ſa mere, je ne ſçais par quel haſard, vint me découvrir. Quel fut ſon étonnement! Elle voulut s'écrier, & les ſons ſemblerent ſe refuſer à ſes efforts: pâle de colère, elle ſortit ſans rien dire, emmena mon indigne rival, & ferma la porte dont elle emporta la clef.

Je m'approchai de Mathilde, me doutant bien que je ne reſterois pas long-temps ſeul avec elle: ma chere Mathilde étoit évanonie: je fis mes efforts pour la faire revenir ; mais avant que j'euſſe pû réuſſir, ſa mere reparut. « Ah ! Madame, lui dis-je, » en me jettant à ſes genoux, ſecou» rez Mademoiſelle votre Fille. Si vous » avez quelques reproches à faire, » c'eſt à moi que vous devez les adreſ» ſer, elle n'en mérite aucuns. Sor» tez, Monſieur, répondit-elle d'un » ton aigre, ſortez, & n'achevez » pas de la déshonorer. Qu'aurois-je » pû faire ? Je ſortis. »

Vainement tentai-je de revoir ma chere Maîtreſſe, toute eſpèce d'accès me fut interdit auprès d'elle ; ma ſœur même ne put l'entretenir ; & huit jours après je ſçus qu'elle étoit Madame Moranval.

Cette aventure me toucha ſenſiblement. Je m'ennuyai bientôt à Paris ; & mon imagination qui me rappelloit la Dulis, me fis voler en Province, où je voulois achever mon cours de Philoſophie. Seulement j'obtins de mon

mon Pere une Lettre par laquelle il demandoit pour moi plus de liberté que je n'en avois eu jusqu'alors.

Les vacances n'étoient pas encore finies, je partis ; & Mademoiselle Dulis me reçut avec une effusion de cœur entière. L'absence lui redonnoit à mes yeux tout le charme de la nouveauté. Que de plaisirs je goutai dans ses bras ! Qu'elle parut bien les partager !

Les classes recommencerent ; mais muni des pleins-pouvoirs que mon Pere m'avoit donnés, je ne discontinuai point mes visites. On s'en apperçut, ou du moins Mademoiselle Dulis me le fit-elle appréhender. Je ne cherchai point à pénétrer ses motifs, & je me rendis, quoiqu'avec peine, aux exhortations qu'elle me fit, de faire semblant de m'attacher à quelque jeune Demoiselle pour dérouter les observateurs.

Un vieux Gentilhomme qui passoit

tout l'été dans ses Terres, & qui venoit régulierement à la ville pendant l'hiver, me fournit l'objet de mon apparente infidélité. Il avoit une Fille de dix-neuf ans. Elle n'étoit pas belle, mais elle étoit fort jolie, l'œil vif, les sourcils noirs & épais, les dents blanches, & les lévres du plus beau carmin. Sa taille étoit un peu ramassée, mais elle avoit la gorge charmante; au reste, l'humeur douce & le caractère le plus aimable.

Un frere qu'elle avoit en Philosophie me fit faire connoissance. Ma premiere visite fut de bienséance; que te dirai-je? la seconde fut d'inclination. Je sondai sa façon de penser; je travaillai à me rendre agréable; mon tour d'esprit plût, & je me vis aimé, sans même avoir découvert mon amour.

J'allois toujours chez Mademoiselle Dulis; mais j'aurois presque sacrifié un plaisir certain à celui de voir seulement ma nouvelle Maîtresse. Qu'elle s'en apperçut promptement! Elle connut alors la faute qu'elle avoit faite: elle voulut la réparer, & le voulut trop tard, si le sort ne l'eût servie comme elle pouvoit le desirer.

Le vieux Pere de ma Maîtresse, grand bavard de son naturel, employoit à jaser & à médire des Femmes & des Filles, tous les momens qu'il ne donnoit pas au jeu. Conduite des plus imprudentes dans tout homme qui tient de maniere ou d'autre à quelque femelle. Je ne sçai quel Démon, jaloux de mon bonheur, lui fit ombrage de mes visites: il défendit à sa Fille de me voir & à son Fils de me fréquenter davantage.

Je me serois peu soucié de ses défenses, s'il ne les eût appuyées, en emmenant sa Fille à la campagne huit jours après, quoique le Primtemps fut à peine de retour. Nous n'eûmes sa Fille & moi qu'un seul instant pour nous dire adieu : Elle pleura, & je répandis à mon tour des larmes sincères.

Cet événement me rendit à Mademoiselle Dulis : elle le vit avec plaisir. Notre intimité sembla s'accroître. J'étois trop assidu près d'elle pour ne pas la gêner ; cependant elle ne voulut pas s'exposer à me perdre, en m'occupant comme elle avoit fait la premiere fois. Elle réveilla chez moi le goût de l'étude : j'eus bientôt rattrapé mes camarades, qui n'avoient point fait d'excès. Les heures que Mademoiselle Dulis me forçoit à lui dérober, je les employois à chanter nos amours.

Je vais te faire part d'un de mes essais en ce genre.

DANS un vallon sombre
Où, l'œil de Phébus
Ne peut percer l'ombre
Des Myrtes touffus ;
Où la Violette,
Qui se cache aux yeux,

Sous la tendre herbette,
Embaumant ces lieux,
Trahit ſa retraite.
La Nymphe s'arrête
Pour parer ſon ſein,
Et mêle à deſſein
L'odeur amoureuſe
De la Tubéreuſe
A celle du Thin.

Par leur doux murmure
Les flots argentins
D'une ſource pure,
Sous les Aiglantins
Endorment les peines,
Les ſoucis mutins,
Et les craintes vaines.

Le Zéphir badin,
Sur ſes bords ſoupire,
Et Flore y reſpire
Le frais du matin.]
Reine triomphante
Des Chantres des airs,
Philomèle enchante,
Par ſes doux concerts;
Et des Alouettes,
Des Bergeronnettes,

Des jaunes Bruants ;
La voix moins ſonore
Fait briller encore
Ses ſons éclatans.

Dieu de cet aſile,
L'amour, ſans bandeau,
Sans arc inutile,
N'a que ſon flambeau.
Les gazons propices,
Témoins précieux,
Des tendres délices
Du Maître des Cieux,
Composent le Trône,
D'où, l'Amour joyeux
Sourit à nos vœux ;
D'où ſa main couronne
Les Amants heureux.

Les graces touchantes
Font avec des fleurs,
Les chaînes charmantes
Qu'il donne à nos cœurs.
La troupe enfantine
Des jeux & des ris,
Cueille l'aubeſpine
L'œillet, & les lis.
Moins vif & plus tendre

Le Satyre ardent,
N'y vient point surprendre
Chloé qui l'attend.

Avec la Jonquille,
Hilas plein de feux,
De son Amarille
Orne les cheveux :
Les vives caresses
Répandent sur eux,
Les douces yvresses,
Et la volupté
Joue à leur côté.

Allons ma Sylvie
Dans ce beau séjour,
Passons-y la vie,
Soumis à l'amour.
Viens, toi qui fit naître
Mes premiers desirs,
M'y faire connoître
Encor les plaisirs.

Je ne te parle pas des bouquets, des complimens, des chansons & de mille autres semblables gentillesses ; je brûlois avec soin tout ce qui auroit pû nous découvrir ; c'eſt le ſeul brouillon que j'aye conſervé. Tant mieux, va tu dire. A la bonne heure.

Aux vacances de Pâques, je fus invité à aller paſſer en campagne les quinze jours accordés dans ce temps-là. Je fis de vains efforts pour m'en diſpenſer : il fallut me rendre.

La maiſon où je fus étoit celle d'un vieil ami de mon Pere, qui me reçut, comme le repréſentant d'un homme avec qui il avoit été intimément lié. Dans ſon voiſinage, vivoit un ancien Officier, avec une Fille & une Niéce. Deux jours après moi, il vint avec ſa famille voir mon Hôte, qui l'engagea à demeurer quelques jours chez lui avec les Demoiſelles qui l'accompagnoient.

J'eus bientôt fait connoiſſance avec les Couſines : je les trouvai charmantes, elles l'étoient en effet. Le jour ſe paſſa en politeſſes ; on ſoupa & chacun ſe retira. Comme il étoit encore de bonne heure, & que je ne me ſentois point d'envie de dormir, je fus me promener dans le Jardin. la chambre des Couſines prenoit jour de ce côté; au-devant étoit un gros orme, dont les branches touchoient les fenêtres. Elles avoient encore de la lumiere : rien n'étoit fermé; je m'en apperçus & je montai ſur l'orme aſſez doucement pour n'être pas entendu.

Les deux Couſines folâtroient, & le déſordre de leur habillement laiſſoit leurs appas découverts. Imagine, mon Ami, les plus ſéduiſantes ſituations; ce fut celles qu'elles prirent tour-à-tour; elles meſuroient la rondeur de leur gorge, la diſtance qui en ſéparoit les globes; elles ſe baiſoient de temps en temps avec tranſport; enfin elles éteignirent la lumiere; & leurs ſoupirs me firent connoître qu'elles ne donnoient pas au ſommeil les premiers momens qu'elles paſſoient dans leur lit.

Une ſcène auſſi voluptueuſe ne pouvoit manquer de faire ſur mes ſens la plus forte impreſſion : l'obſcurité la redoubla de maniere à me mettre hors d'état d'y réſiſter. Je me gliſſai dans la chambre, & pour empêcher les Couſines épouvantées, de réveiller peut-être toute la maiſon : je me hâtai de parler. « Meſdemoiſelles, leur dis-je, j'avois » deſſein de jouir quelques inſtans des » charmes de votre converſation; j'é» tois heureuſement parvenu au haut » de l'orme, quand vous avez éteint » votre lumiere. J'entre néanmoins; » pour cauſer, on n'a pas beſoin d'y » voir clair : au reſte, je m'en irai » quand il vous plaira. Eh ! mais, » Monſieur, me répondit l'une d'en» tr'elles; il faut, s'il vous plaît, que » ce ſoit tout-à-l'heure. Que diroit» on ſi l'on ſçavoit ? . . . . . . Que » voulez-vous qu'on ſçache, hors vous » & moi tout dort ici ? . . N'importe, » il faut que vous vous retiriez, ou

» bien nous dirons à M. D. . . . . que » vous êtes venu nous faire enrager. » Tout ce que vous voudrez, pourvu » que je reſte : je ne chicane pas ſur » les conditions ». Et pendant ce colloque, je m'étois approché du lit. « Les inſupportables Lutins que ces » hommes, je voudrois qu'ils fuſſent » tous . . . Les aimables créatures que » ces femmes ; il en eſt quelques unes » pour qui je donnerois le ſceptre de » l'Univers. Et je terminai cette phra- » ſe par un baiſer que je pris ſur une » main errante hors du lit. Mais » quelle idée ! de paſſer par une fe- » nêtre . . . . Elle eſt toute ſimple, & » ne pouvoit manquer de venir à qui- » conque vous auroit vu.

Ma main faiſoit des efforts inutiles d'abord ; mais quoi ? être couché n'eſt pas une poſition avantageuſe pour ſe défendre ; je ſentis que la réſiſtance avoit pour objet, non de m'empêcher de vaincre, mais de cacher la défaite.

En converſant, je m'emparai d'un ſein, d'une rondeur, d'une délicateſſe. Oh mon ami! il eût animé les marbres, qu'il égaloit en fermeté.

J'étois dévoré de deſirs; mais quelle apparence de les ſatisfaire! Une main envieuſe ſurprit la mienne, au milieu de ſes conquêtes. Cet incident me détermina. Il ne faut pas, me dis-je, laiſſer un avantage à la moins complaiſante peut-être; & changeant de batterie, je m'addreſſai à l'indiſcrette Couſine. L'exemple opéroit; je réuſſis avec la derniere facilité. Mes mains licentieuſes parcouroient mille appas ſans ſe fixer à aucun: point d'obſtacles; les portes du Palais de la volupté s'ouvroient: j'y fut introduit. Quel raviſſement! Elles en ſoupirerent; l'une de plaiſir & l'autre de regret.

Elle avoit tort, ſon ardeur ranima la mienne, & je ceignis mon front d'un double myrthe. Avec quelle uſure mes careſſes me furent rendues!

Mon ami, ſi le Grand Seigneur avoit tous les ans une nuit pareille, il ſeroit le plus heureux de tous les Potentats.

Je ne te dirai pas que je me gardai bien d'attendre que le jour vint m'éclairer au milieu de mes deux aimables Maîtreſſes. Après avoir regagné mon appartement, je laiſſai le ſommeil, couronner mes exploits, & prendre la place de l'amour.

Il étoit dix heures, & je dormois encore. La plus jeune des deux Couſines vint me reveiller. Je l'attirai auprès de moi; une douce langueur paroiſſoit dans ſes yeux; je les vis ſe couvrir de ces larmes voluptueuſes, compagnes de l'ivreſſe des amours; l'aimable nonchalance avec laquelle elle céda, ajouta encore des charmes au plaiſir; la vivacité prit bientôt chez elle la place de cette timide complaiſance. Il falloit jouir rapidement de ces inſtans, que nous ne pouvions prolonger à notre gré: nous n'en perdîmes rien. Elle s'échappa de mes bras, & je me levai glorieux. Perſonne ne s'étoit apperçu de ſon abſence, & je parus ſans que l'on ſe doutât de la viſite que j'avois reçue.

Les regards des deux Couſines ſe confondoient ſur moi; ils exprimoient l'ardeur des deſirs, & l'attente de la volupté. Sur le ſoir, nous nous égarâmes dans des boſquets aſſez peu éloignés de la maiſon; quel avant goût de félicité leur ſombre retraite nous procura! Que de ſoupirs s'unirent ſur nos lévres! Le Soleil ſe couchoit dans un lit éclatant; ſes rayons obliques teignoient les nuages d'une couleur de pourpre étincelante; non je ne connois rien qui ajoute une nuance plus flatteuſe au plaiſir, que le ſpectacle de la nature.

Le ſouper fut des plus gai, & la nuit une répétition de la précédente. Le lendemain je fus réveillé de grand matin par un Domeſtique qui m'inſtruiſit du départ des Couſines. L'Officier venoit d'apprendre que le feu avoit pris chez lui, & que sa présence y étoit absolument nécessaire, non pour éteindre l'incendie qui l'étoit déjà, mais afin de réparer les dommages qu'un pareil accident cause toujours. Je me levai promptement, & trouvai l'Officier prêt à partir. Il me fit ses adieux, & m'invita en même temps à lui sacrifier quelques-uns des jours que je devois encore avoir à moi. Je le promis; & l'air des deux Cousines me dit combien elles en seroient charmées.

Il s'en fallut peu que je ne satisfisse à ma promesse; mon Hôte fut obligé d'aller à la Ville trois jours après; il me rappella l'invitation de son ami : j'allois y répondre, lorsque je reçus cette Lettre :

Voici six jours, mon cher ami, que tu es absent; j'en ai compté toutes les heures & tous les momens. Quel temps perdu! Ma mere partit avant-hier pour un voya-

gé de huit jours : les laisseras-tu passer à ton amie dans la solitude? On m'avoit bien dit que les plaisirs qui nous attachent à vous si fortement, font sur votre esprit un effet tout contraire. Dis, dois-je faire avec toi l'épreuve de la vérité de cette maxime? J'aurois été bien trompée; j'ai cru serrer nos chaînes, & donner un aliment à ta passion : j'aurois peut-être mieux fait de te cacher que j'y fusse sensible, mais je ne m'en repens pas. Mon ami est généreux. Il se souviendra que c'est à moi qu'il a engagé son cœur; qu'il a les prémices de mes affections, & je ne crains pas qu'il change, puisqu'il m'éprouve si fidelle. Je t'attends demain dans ce boudoir, témoin fréquent de ta satisfaction & de la mienne. Tout m'y rappelle des instans .... Ah! ne me fais point de réponse, mais viens.

Cette Lettre me remplit si entiérement de Mademoiselle Dulis, que malgré la perspective que m'offroit un séjour dans la maison des deux Cousines, je je me refusai aux plaisirs qui m'y attendoient ; & prétextant une affaire indispensable, je partis.

La campagne de Madame Dulis, dont je t'ai parlé au commencement de mon Histoire, & où j'avois accompagné sa Fille, se trouve sur la route qui me conduisoit à la Ville. En approchant, je rencontrai un des Fermiers, à qui je demandai si sa jeune Maîtresse étoit à la campagne ; il me répondit, qu'elle étoit venue le matin, & qu'il l'y croyoit encore. Cette nouvelle me fit grand plaisir. Je formai sur le champ le projet d'aller l'y surprendre. On arrivoit à la maison par une assez belle avenue ; je me détournai, & prenant par un chemin bordé de hayes, où passoient les charretes, je parvins sans pouvoir être apperçu,

Comme cette maison n'est qu'à demilieue de la Ville, j'y avois vû plus d'une fois Mademoiselle Dulis. Aussi la porte quoique fermée, ne l'étoit pas pour moi. Je traversai doucement une antichambre, & m'arrêtant à la porte de la piéce où je la soupçonnois, j'examinai par un trou qui sembloit fait exprès, à quoi elle s'occupoit, vis-à-vis de cette espèce de lentille de microscope, étoit un canapé, sur lequel je vis Mademoiselle Dulis. Elle n'étoit pas seule, mon ami; entre les bras de mon Professeur, dans le plus ample désordre, la perfide lui prodiguoit les plus tendres carresses; jamais elle ne m'avoit traité si affectueusement. Baisers flatteurs, aimable emportement, noms voluptueux, tout fut mis en usage, & bientôt je n'entendis plus que le doux murmure des soupirs. Quel spectacle pour moi! je fus prêt vingt fois à entrer, & à les couvrir l'un & l'autre de la confusion qu'ils méritoient. Je l'aurois fait sans doute, si je n'eusse entendu la voix du jeune Dulis, qui venoit en chantant, il leur donna le temps de se remettre, & à moi, celui de m'avancer vers l'entrée, comme si je ne faisois que d'arriver.

Il fut surpris de me trouver-là ; je lui expliquai en deux mots par quel hasard il m'y rencontroit, & nous entrâmes ensemble. Tu juges bien, qu'après ce que je venois de voir, je ne devois pas être tranquille. Mademoiselle Dulis étoit devenue rouge en me voyant ; mon air altéré, & mes regards hautains n'étoient pas propres à la remettre : Je me hâtai de la délivrer de ma présence.

Enflé par mes succès, cette aventure me rendoit furieux. Je me promis de ne plus la revoir, & j'eusse bien fait ; cependant dès que le moment où elle pouvoit être de retour fut arrivé, je courus chez elle.

Il est vrai qu'elle ne dût pas être fort satisfaite de cette visite ; je lui fis les plus durs reproches, & lui dis les choses les plus outrageantes. Ce fut en vain qu'elle voulut m'attendrir par des priéres & des plaintes. Je ne répondis à ses discours que par d'amères ironies, & des sarcasmes sanglants. Elle voulut me serrer dans ses bras ; je la repoussai avec une espèce d'horreur, & la laissai fondant en larmes.

Nous sommes bien singuliers ; si Mademoiselle Dulis avoit sçu toutes les infidélités que je lui avois faites, j'en aurois obtenu un pardon facile. Que dis-je ? Peut-être elle m'en auroit aimé davantage. Les hommes & les femmes se jugent mutuellement. D'où vient les femmes sont-elles charmées de voir plusieurs d'entr'elles, de leur avis, sur le mérite de celui qu'elles aiment, & pourquoi leur faisons-nous un crime de ne pas s'en tenir au sentiment d'un seul, sur le pouvoir de leurs charmes ? Aurions-nous plus d'amour-propre qu'elles ?

Quatre jours s'étoient écoulés, & je n'avois point vû Mademoiselle Dulis. Les soirs, au lieu d'aller chez elle, je me promenois dans notre jardin ; j'y rêvois à sa trahison : lorsque j'entendis du bruit dans une espèce de berçeau qui étoit vers le fond. Je voulus voir ce qui le causoit ; à peine y fus-je entré, que je me sentis embrasser. Tu devines sans peine à cette action, que c'étoit Mademoiselle Dulis ; je n'essayai que foiblement de m'en débarrasser : elle me connoissoit trop, pour ne pas sçavoir que mon tempérament souffroit de notre querelle, surtout n'ayant personne pour la remplacer ; elle me fit asseoir, & s'assit elle-même sur mes genoux : sa gorge étoit découverte ; elle m'obligeoit à la baiser, & m'accabloit de caresses. Dans ces momens, sans tenter sa justification : « Laisse-moi du-» moins, me disoit-elle, croire que » tu ne me hais pas ; ne te refuse pas » à mon empressement. Il étoit un » temps où tu me faisois les mêmes » prieres, j'ai cédé, seras-tu moins » facile ?

Qu'on trouve un jeune homme de dix-huit ans, qui puiſſe réſiſter à d'auſſi douces attaques ; qu'on le trouve, & je conviendrai que j'eus tort de me rendre. Mes tranſports excités ne pouvoient plus s'augmenter, je n'en étois plus le maître. Ma vivacité sembla diminuer la ſienne. Je compris qu'elle vouloit ſe ménager la gloire, de s'être laiſſé dérober des faveurs qu'elle venoit m'offrir. Je la contentai.

Nous renouâmes donc. Mais quelle différence de nous à nous ! Ce n'étoit préciſément qu'au feu de l'âge qu'elle devoit mes viſites ; je lui faiſois des reproches : je manquois aux rendez-vous qu'elle me donnoit : ſouvent je contrariois ſes volontés, & toujours les plaiſirs que je goûtois avec elle, étoient ſuivis d'une froideur qui amena bientôt le dégoût.

Trop indolent, pour faire naître des occaſions qui ne ſe préſentoient point : je ne fis plus d'autre Maîtreſſe, & je paſſai le reſte de l'année à me brouiller, & à me raccommoder avec Mademoiſelle Dulis.

Dans cette intervalle, j'appris que les deux Couſines s'alloient marier. On ſe diſoit tout bas, que les époux n'avoient pas attendu de l'être pour en avoir les droits. Je n'en fus point étonné.

Je fus plus ſurpris d'une autre nouvelle. J'avois entretenu une coreſpondance avec l'aimable fille du vieux Gentilhomme dont je t'ai parlé, par le moyen de ſon frere. Elle duroit depuis quatre mois; ſi dans ce temps-là j'avois fait quelques traités de morale, j'y aurois inſéré en ſa faveur un chapitre de la conſtance des femmes; je me ſerois trop preſſé. Il y avoit quinze jours que je n'avois reçu de ſa part aucune épître, lorſque le bruit ſe répandit qu'un jeune Militaire, qui étoit venu voir le Château comme voiſin, l'avoit enlevée. Je n'en crus rien d'abord, mais ce bruit fut trop bien confirmé, pour que je puſſe en douter long-temps.

Le mois d'Août vint; j'en vis approcher le milieu avec plaiſir : c'étoit le terme de ma carrière littéraire. J'allois jouir enfin d'une entière liberté ; & cette idée me flattoit infiniment.

Quelqu'un qui dût attendre, au moins avec autant d'impatience que moi, la fin du cours ; ce fut mon Profeſſeur. Depuis que je l'eus ſurpris avec Mademoiſelle Dulis tête-à-tête à la campagne, je pris un ton d'inſolence avec lui, qui lui fit ſentir mon avantage. Il étoit bouillant, emporté, & je le pouſſois à bout vingt fois par jour. Ce ne fut pas tout; le dernier jour arrivé, j'en exigeai une ample atteſtation, d'exactitude, & ſur-tout de docilité, que je lui dictai moi-même.

Je quittai Mademoiſelle Dulis ſans regret; & de ſon côté, je crois qu'elle n'en eut guères à me voir partir. Elle pleura, il eſt vrai, mais je pleurai auſſi,

&

& je t'assure que ma douleur étoit des moins profondes.

Depuis que je suis de retour à Paris, tu sçais que tout mon plaisir a été celui que donne le commerce d'un ami tel que toi. Je ne sçais, tout m'attire auprès des femmes, & rien ne m'y attache. Elles sont la plûpart si coquettes, si capricieuses !

Tu me mandes que tu seras ici dans un mois. Ce temps est bien long, tâche de l'abréger ; conserve ta santé, mon ami, aime-moi toujours. Adieu.

P. S. Je fus hier aux Thuilleries ; j'y vis Madame Moranval. Elle se promenoit au milieu d'une Croix de Saint Louis & d'un Abbé : je pense qu'elle m'a reconnu ; mais apparemment ma vûe ne lui a pas fait plaisir, car elle n'a plus repassé dans l'allée où j'étois. Ma sœur ne la voit plus depuis son mariage, parce que, pour bonnes raisons, on ne l'invita point à la nôce.

L'Abbé paroiſſoit rempli de cette attention que l'on a pour l'objet de ſes feux ; il m'a ſemblé qu'on recevoit ſes ſoins avec reconnoiſſance. On m'a dit qu'il étoit très-bien avec le mari, qui le conſidéroit beaucoup. Monſieur Moranval a raiſon ; l'Abbé lui rend plus de ſervices qu'il ne penſe.

Fin de la premiere Partie.

LE DÉBUT

OU

LES PREMIERES AVENTURES

DU CHEVALIER DE***

DEUXIEME PARTIE.

Sermonis puri, non triſtis gratia ridet;
Quodque facit populus candida lingua refert.

Petron.

LE DÉBUT

OU

LES PREMIERES AVENTURES

DU CHEVALIER DE***

ON, Madame, ce que j'ai fait pour l'amitié, je ne le refuserai pas à l'amour; complaisant pour mon ami, je suis l'esclave de ma Maîtresse; vos desirs seront toujours mes Loix.

J'avois prié Gar.... de me garder le secret; il ne m'a pas tenu parole: je lui pardonne. Son indiscrétion me fournit l'occasion de vous témoigner mon dévouement.

Ne me jugez pas sur mes aventures, Madame, ou plutôt voyez que vrai Caméléon, l'objet de mon attachement a décidé mon caractère; & songez que je vous adore.

Point de grands traits de morale; point de belles dissertations sur la vertu; point de brillant étalage de sentimens: mes actions dégraderoient mes maximes, & j'aurois un ridicule de plus, sans avoir un défaut de moins. Des faits contés sans emphases, quelques occasions saisies à propos : voilà mon histoire.

Que ne puis-je atteindre à la manière de l'Auteur charmant *, que vous admirez tous les jours! Les Recueils scientifiques de nos doctes Personnages sont l'histoire de l'esprit; ses écrits sont l'histoire du cœur. Ah! l'un est bien inférieur à l'autre.

* Qui n'a pas nommé l'élégant Auteur des Egaremens du Cœur & de l'Esprit, de Tanzai, du Sopha, &c. ? une notte est fort inutile.

Vous me pardonnez cet accès d'enthousiasme : je continue mon récit.

J'avois rencontré, Madame Moranval aux Thuilleries, comme je le marque en *P. S.* à mon ami : je l'y vis encore quelques jours après ; elle étoit assise dans la grande allée : je fus prendre une place auprès d'elle. A peine fus je assis, qu'elle m'adressa la parole, & me demanda des nouvelles de ma sœur & de toute ma famille. Je répondis à ses questions, & mes réponses ayant eu le bonheur de plaire à M. Moranval qui étoit avec elle ; il m'invita gracieusement à profiter de l'agrément d'une société peu nombreuse, à la vérité, mais qui valoit bien mieux qu'une grande, par la maniere dont elle étoit composée. Un coup d'œil, dont Madame Moranval appuya l'invitation de son mari, contribua plus à me déterminer que ce vain bavardage.

Je fus le jour suivant de fort bonne heure chez Madame Moranval. On sortoit de table. Son mari, avec le

Marquis de l'Arc, faisoit une partie de Trictrac ; elle, appuyée sur un balcon, regardoit dans un Jardin. Les premiers complimens faits, je me plaçai à côté d'elle. « Je vous sçais bon » gré de votre exactitude. Jouez-» vous . . . Non Madame, je me re-» procherois d'employer si mal les » momens que le sort me permet de » passer près de vous . . . Comment, » vous vous souvenez encore ? . . . . » De ce que vous avez oublié ? Oui » Madame, mon cœur conserve pré-» cieusement . . . Quoi tout de bon ? » mais vous êtes donc un Céladon » nouveau ; comment depuis deux » ans ? . . . Il est vrai, Madame, & » vous avez lieu d'en être surprise : je » ne croyois cependant pas que l'on » pût effacer de sa mémoire . . . . » Oui, l'on se souvient toujours . . . . » tenez parlons d'autre chose . . . . » Voilà M. l'Abbé qui vient, nous » allons jouer une partie . . . Je vous

» demande pardon Madame, j'imaginois vous dire quelque chose d'intéressant. Venez, l'Abbé, dit-elle, » en s'avançant vers lui, voici un jeune » Cavalier, avec qui nous allons faire » un brelan; ne le jouez-vous pas? .. » Tout ce qu'il vous plaira, Madame.

M. l'Abbé avoit fait une légère révérence; mordu sa lévre inférieure, & s'étoit radouci la phisionomie pour complimenter Madame, qui avoit souri à sa fleurette; M. de Moranval, sans quitter le cornet, lui avoit pris la main, en disant, bon jour mon ami. Le Marquis s'étoit incliné sans rien dire, en faisant même la grimace; & moi après les politesses d'usage, j'avois aidé à compter des jettons sur une table: nous voilà au jeu. « Prenez garde, Monsieur, me dit le Marquis, » vous avez affaire à forte partie; » Madame s'entend avec M. l'Abbé, » & M. l'Abbé est Grec.

Il avoit raison, l'Abbé jouoit serré,

alloit avec un ſeul as contre la Dame, & ſe trouvoit toujours trente-un en main contre moi. Dans un moment de diſtraction, j'avois avancé mes pieds ſous la table; Madame Moranval qui cherchoit ceux de l'Abbé, ſe trompa; l'Abbé de ſon côté prit les miens pour ceux de ſa Maîtreſſe & tous les deux me les preſſerent fort tendrement: je les regardai; ils me parurent cruellement embarraſſés. Des Amans devroient-ils jamais jouer avec un tiers?

Le jeu fini, on m'invita à venir prendre ma revanche le lendemain; M. de l'Arc s'offrit à me ramener, & nous laiſsâmes M. l'Abbé avec les Maîtres de la Maiſon. « Que dites-vous de ce M. l'Abbé, me dit-il, quand nous fûmes enſemble? « Ne vous ai-je » pas dit qu'il étoit grec? Mais, répon» dis-je, il a peu gagné: d'ailleurs il ha» ſarde aſſez...... avec Madame Mo» ranval; mais avec vous, je gagerois

» bien qu'il n'a jamais été qu'avec la
» plus grande probabilité du gain. Ce
» bon Moranval, il s'imagine que sa
» Femme & son Abbé . . . . . . Com-
» ment? . . . . Vous n'avez pas vû que
» l'Abbé est au mieux, avec Mada-
» me Moranval? Il n'y a que vous &
» son mari à qui cela ne saute pas aux
» yeux . . . . Quoi vous croyez que
» Madame . . . . Entre nous, c'est une
» des plus franches coquettes de Paris.
» Oh! je la démasquerai . . . . Son
» Abbé est le plus fat, & le plus im-
» pertinent personnage . . . . Je veux
» vous en donner le divertissement.
» Ils sont invités à venir passer quel-
» ques jours à ma campagne: soyez
» de la partie. Je promis, & nous
» nous séparâmes.

Me voilà donc encore en concurrence avec un Abbé, me dis-je, lorsque je fus seul. Que vous êtes changée, Mademoiselle Mathilde; cet air ingénu, ces discours naïfs, où sont-ils? Ces yeux timides & modeſtes ſont devenus hardis; ce maintien réſervé, qui faiſoit paroître tant d'innocence: on ne peut pas s'y méprendre à préſent. Elle ne m'aime plus, au fond, que me fait ſon inconſtance? Rien certainement. Laiſſons-là donc recevoir tranquillement les hommages de ſa nouvelle conquête. Rompons le projet du Marquis; mais d'où me vient tant d'agitation? l'aimerois-je encore? Non, ce me ſemble .... Cependant j'aurai du plaiſir à la voir punir de ſa perfidie .... Oui, M. le Marquis, je ſuis des vôtres.

Dès que le moment d'aller chercher ma revanche fut venu, je me trouvai chez Madame Moranval. Tout ſe paſſa comme le jour précédent: nous perdîmes l'Abbé & moi: Madame, qui gagna tout, joua avec un agrément infini.

Je paſſe ſur quelques incidens légers, pour venir à l'hiſtoire de la campagne.

Le jour du départ arrivé, Monſieur, Madame Moranval & l'Abbé, ſe mirent dans un carroſſe : le Marquis & moi, ſous pretexte d'aller tout préparer, nous montâmes dans un cabriolet, & prîmes les devans.

La Maiſon du Marquis eſt charmante ; la Rivière en baigne les murs, & les appartemens ſont diſtribués d'une manière agréable & commode. Nous les parcourûmes ; il me fit remarquer un cabinet de glaces le plus élégant du monde : on n'y voyoit d'autres meubles qu'un canapé que les glaces multiplioient gracieuſement ; ce petit réduit paroiſſoit le ſéjour de la volupté, & l'aſyle des plaiſirs. Madame Moranval en aura la clef, me dit-il, deſcendons, ils doivent arriver inceſſamment.

Effectivement, l'inſtant d'après, nous entendîmes une voiture, c'étoit celle de nos gens. Le déjeûner étoit prêt ; chacun y fit honneur ſuivant ſon appétit. Après ce déjeûner, on fit la viſite de la Maiſon, & chacun fut enchanté du cabinet des glaces. On ſe promena juſqu'au dîner, & après le dîner, notre Hôte nous dit, « je ne croirois » pas mériter que l'on me fit le plaiſir » de venir me voir, ſi l'on avoit une » entière liberté chez moi. Voici le ton » de ma Maiſon ; chacun y eſt ſon » maître ; on s'y lève quand on veut : » on ſe raſſemble pour dîner : on joue » ou l'on s'amuſe autrement. Si ces » Meſſieurs ſont chaſſeurs, ils pourront » ſe contenter. » Moranval remercia ; l'Abbé fit le mauvais plaiſant, ſur ce que ſon petit colet jureroit avec un fuſil ; pour moi, ſelon les inſtructions que j'avois reçues, avant l'arrivée de la compagnie, je m'érigeai en amateur de la chaſſe. Madame continua-t'il, en s'adreſſant à la Moranval, vous voudrez bien accepter la clef de la petite pièce qui vous a plû ; elle eſt faite pour vous : un portrait auſſi charmant que le vôtre, ne peut trop être répété. On ſe promena ; l'on joua juſqu'au ſoir : & j'obſervai que M. de l'Arc ne quitta pas un inſtant Madame Moranval.

Après ſouper chacun ſe retira dans ſon appartement ; attendez que je vienne vous prendre pour ſortir de chez vous, me dit le Marquis, en me quittant. J'avois l'eſprit dans une ſituation ſingulière ; je n'aimois pas, & j'aurois voulu, ſinon être aimé, du moins ne point voir d'Amant à Madame Moranval. Ses agrémens ſe retraçoient dans mon imagination ; c'étoit encore cette Mathilde, ſi jolie, ſi touchante, mais qui ne m'aimoit plus. Je fus long-temps à m'endormir ; enfin le ſommeil s'empara de mes ſens. Il me ſembloit que je n'en goûtois la douceur que depuis un moment, lorſque le Marquis vint me réveiller bruſquement : levez-vous, me dit-il, & ſuivez moi.

Je fus étonné de voir qu'il étoit grand jour. Je m'habille à moitié & fors à la hâte ; il me conduiſit par un eſcalier dérobé, & me fit entrer dans une chambre obſcure qu'il ouvrit très-doucement. Il me plaça devant un grand miroir, dans lequel d'abord je ne diſtinguai rien, mais les objets s'éclairciſſant peu-à-peu, je reconnus la diſpoſition du cabinet des glaces, & Madame Moranval ſur le ſopha. Surpris, j'allois me récrier; mon guide me mit la main ſur la bouche.

Dans une poſition voluptueuſe, mon ancienne Maîtreſſe en cherchoit une qui le fut davantage. Une jambe mignonne repoſoit mollement dans toute ſa longueur, tandis que l'autre ſuſpendue avec nonchalance, étaloit toutes les graces d'un pied des plus petits. Sa gorge aſſez découverte, pour faire ſouhaiter qu'elle le fut entièrement; ſes yeux qui parcouroient, pleins d'une douce langueur, les différentes manières dont elle étoit reproduite; c'eſt ainſi qu'on eût peint Vénus attendant Adonis; & ce portrait peut-être eût flatté

flatté la Déesse. A la figure de l'Amant près, Madame Moranval étoit dans la même circonstance.

Nous vîmes la porte s'entrouvrir ; M. l'Abbé entre doucement & la referme. On lui présente une main qu'il baise avec ardeur ; il parcourt des beautés qu'on abandonne à sa passion. Quelles images de volupté répétoient ces glaces enchanteresses ! Je ne vous peindrai pas, Madame, les transports de ces deux Amans, ni l'excès de leurs plaisirs : ils firent un tel effet sur moi, que serrant la main à notre Hôte ; je fis une exclamation qui les troubla ; ils se levèrent de dessus le canapé, prêtant de tous côtés une oreille attentive ; ils parurent prêts à sortir du cabinet, & le Marquis craignant une seconde indiscrétion de ma part, me fit quitter notre perspective.

« Vous êtes jaloux de l'Abbé, me » dit-il en chemin. Il est vrai, lui ré- » pondis-je, convenez qu'il est bien

» heureux, & qu'il jouit d'une aimable femme... Eh! mais, si son bonheur vous tente, vous n'avez qu'à dire... S'il me tente.... ah! je donnerois... C'est assez : à demain. L'instant d'après je vis le Marquis que je venois de quitter, avec l'Abbé & sa Maîtresse, dans le jardin.

Je tarde trop à vous expliquer, Madame, comment il se pouvoit faire que d'une piéce on vit tout ce qui se faisoit dans l'autre : l'artifice est aisé à comprendre. Une des glaces supérieures passoit du cabinet dans l'appartement adjacent qui n'avoit que fort peu de jour ; elle jettoit les objets du cabinet sur un grand miroir qui les réfléchissoit à ceux qui regardoient attentivement, dans le plus grand détail. Denis le Tyran avoit dans sa maison un endroit où l'on ne pouvoit parler sans être entendu ; ici l'on voyoit jusqu'au moindre geste ; le premier étoit bien dangereux pour des mécontens, & le second ne pouvoit guère nuire qu'à des Amans heureux.

Occupé des paroles du Marquis, je fus plus galant auprès de Madame Moranval; je pris auprès d'elle ce ton insinuant & flateur, qui plaît souvent, & qui amuse toujours. Tous les momens de la journée furent remplis, à la table, au jeu, ou à la promenade, & l'Abbé ne put profiter d'un seul instant de tête-à-tête.

Tout le monde étant retiré, le Marquis monta dans mon appartement avec moi. « Je vous ai pris en » amitié, me dit-il, votre caractère » me plaît; c'est sans compliment, » ajoûta-t-il, voyant que j'allois l'in» terrompre. Je vais vous en donner » une preuve... J'ai aimé Madame » Moranval, elle a répondu à ma pas» sion; vous avez vû que l'Abbé a pris » ma place: si elle eut fait un autre » choix, je n'en aurois pas été fâché; » je sens bien qu'à mon âge je ne suis

» plus le fait d'une jeune femme ; » mais je crois valoir encore mieux » qu'un Abbé. Il eſt vrai, lui dis-je, » que les femmes les courent, je ne » ſçais pourquoi. Par la raiſon même » qu'ils n'ont rien de recommandable, » me répondit-il ; les femmes qui dans » le fond n'en font pas grand cas, » n'imaginent pas qu'une autre puiſſe » être flatée de la conquête d'un Abbé : » il paroît donc un homme ſans occupa- » tion, & prêt à ſe donner tout en- » tier à celle qui voudra bien le rece- » voir. Or, les femmes ſont toujours » bien-aiſes de poſſéder le cœur d'un » homme ſans partage : d'ailleurs on » les croit diſcrets, parce qu'ils ſont » obligés de l'être ; quoique grace à » la dépravation de notre ſiécle, peu » de jeunes gens aient autant d'indiſ- » crétion qu'eux. Ajoûtez que ces dé- » ſeuvrés mortels ſont ſans ceſſe autour » des femmes, complaiſans, flateurs, » poſſédant toujours à merveille l'hiſ-

» toire du jour & la chronique ſcan-
» daleuſe ; attendant avec opiniâtreté
» le moment favorable, adroits à le
» faire naître, prompts à le ſaiſir....
» J'interrompis M. de l'Arc ; je gage
» lui dis-je, que vous en aurez ren-
» contré quelques-uns en chemin de
» bonne fortune, & que c'eſt-là ce
» qui vous irrite ſi fort contre le
» corps entier. Non, en vérité, ex-
» cepté auprès de Madame Moranval ;
» je n'ai jamais été remplacé, ni pré-
» cédé par aucun ; j'ai même trouvé
» dans cette claſſe des individus aima-
» bles & honêtes, mais j'en hais le
» général ; & dans le fait n'eſt-ce pas
» une choſe ridicule qu'il n'y ait point
» de compagnie où l'on ne trouve des
» Abbés ? Aucune jolie femme qui n'ait
» le ſien ? En public, en particulier,
» toujours à ſes côtés ; c'eſt ſon * Si-

* Sigisbée, c'eſt un Homme, qui dans certaines Villes d'Italie, fait auprès d'une

» gisbée, son second mari; c'est bien
» plus encore, il décide le goût, fait
» vouloir, renvoie le Laquais, choisit
» la femme de chambre, ordonne les
» parties, arrange, dispose de tout,
» &, ce qu'un galant homme auroit
» peine à obtenir après les plus longs
» services, est offert avec ardeur à ces
» figures hermaphrodites. Mais finis-
» sons sur leur chapitre, aussi-bien ne
» dirois-je pas tout ce que j'en pense.
» Vous sçavez que Madame Moranval
» a été séparée de son Abbé dans un
» instant critique; ils doivent se trou-
» ver demain à la même heure au ca-
» binet; votre rival n'aura garde d'y
» venir: il a pris ce soir, sans s'en
» appercevoir, une potion qui le re-

Dame toutes les fonctions d'un Epoux hors la principale, dont il a quelquefois aussi la complaisance de se charger. Voyez tous les Voyages d'Italie. Nos Abbés pourroient bien en introduire la mode en France.

» tiendra dans son lit au moins jusqu'à » deux heures; vous irez prendre sa » place : usez de votre avantage, je » ferai le guet; je vous promet d'écar» ter & le Mari & l'Amant lui-même » si quelque diable nous l'amenoit.

» Je voulus tourner ce qu'il me di» soit en plaisanterie. Je vous parle sé» rieusement ; vous manqueriez une » bonne fortune : faites sentir que l'Ab» bé est arrêté : profitez du moment, » il lui sera difficile de se défendre. Les » femmes surprises se défendent mal » des impudens, en tout autre cas, » cela peut être différent.

» A ce propos, il faut que je vous » raconte une aventure qui m'est arri» vée, il y a ma foi près de 25 ans. Je » soupois chez un de mes amis avec une » Dame fort aimable ; c'étoit une brune » piquante que j'accompagnai chez elle. » En chemin elle me parla de son mari ; » il étoit toujours valétudinaire, & » d'un très-foible tempérament. Je la

» plaignis en plaisantant ; elle prit parfaitement le badinage : nous arrivons, » je lui donne la main jusqu'à son appartement. Elle se fait deshabiller en » me faisant des excuses ; on la met au » lit, je veux me retirer, elle me retient ; nous causerons un moment » M. le Marquis : enfin, on nous laisse » seuls. Après quelques discours généraux, je crus le moment venu, & je » tentai l'aventure. Sans trop chercher » à se défendre, elle attrape un cordon » de sonnette, le tire, une de ses femmes vient ; apportez, dit-elle, d'un » grand sang froid, un verre d'eau à » la glace à Monsieur, il est échauffé, » il en a besoin.

» Le tour étoit cruel, dis-je, en » étouffant de rire ; & comment vous » tirâtes-vous de-là ? Je n'y pûs tenir : » je la quittai déconcerté & plus honteux qu'un Renard pris par une poule.... Et si pareille chose m'alloit » arriver ?... Vous n'avez rien à craindre :

» dre : les circonſtances ne ſont pas les
» mêmes. D'ailleurs, il n'eſt point de
» ſonnettes dans le cabinet.... Conve-
» nez que c'eſt bien fait exprès, & que
» ſi les glaces pouvoient parler..... Il
» ſourit. Je vous empêche de repoſer ;
» il eſt tard, me dit-il, adieu. »

Je me couchai, réfléchiſſant à la poſition originale où je me trouvois. Le deſir, la crainte, l'eſpoir, une foule d'idées, qu'il m'eût été impoſſible de démêler, me laiſſerent dans un état difficile à définir.

Suivant ſa promeſſe, le Marquis me vint prendre ; en avançant vers le cabinet, le cœur me battoit avec violence, j'en ouvris la porte en tremblant. Madame Moranval parut ſurpriſe en m'appercevant, » eh ! mon Dieu, c'eſt
» vous, s'écria-t'elle.... Oui, Ma-
» dame, je viens de renfermer M.
» l'Abbé, M. le Marquis & votre époux
» dans la Salle, où ils font un piquet ;
» je ne vous croyois pas ici, Madame,

„ & je ne puis trop me féliciter, que „ le hasard m'ait aussi bien servi. . . . „ Vous ne lui aurez, je vous assure, pas „ beaucoup d'obligation. Je ne resterai „ pas seule avec vous (en minaudant) „ je sçai trop combien il est dangéreux. . . . « Ah ! Madame, quels instans vous „ me rappellez ; se peut-il que vous les „ ayez si entiérement oubliés ? . . . Il „ faut bien que non, puisque je vous „ en parle, mais asséyez-vous donc, „ (me voyant toujours debout), j'o- „ béis. S'il vous en souvient, Madame, „ repris-je, je tenois votre main, (je „ la lui serrai), j'osois la presser de „ mes lévres, (je la baisai) tenez, Ma- „ dame, mon cœur vouloit s'échap- „ per de mon sein, (je lui en fis sentir „ la palpitation). Quel doux nectar je „ pûs cueillir sur cette belle bouche ! „ Elle rougit ; je l'embrassai. Cette gorge charmante : j'osai. . . & que n'osai-je pas ? J'oubliai dans ses bras qu'elle étoit infidelle & perfide, pour ne me souvenir que de sa be auté.

Sortis de ce tendre délire, elle me raconta les particularités de ſon mariage. Sa mere l'avoit traitée avec beaucoup de dureté après nous avoir ſurpris; on l'avoit, pour ainſi dire, traînée à l'Autel : elle avoit épouſé M. Moranval, non-ſeulement ſans amour, mais même avec une eſpéce d'horreur : elle avoit d'abord ſouffert beaucoup avec lui; mais depuis elle avoit acquis tant d'empire ſur ſon eſprit, qu'elle étoit abſolument la Maîtreſſe. Enfin, elle me fit remarquer qu'il étoit temps d'aller délivrer mes Priſonniers. Je ne pus m'empêcher de rire : elle voulut ſçavoir dequoi; je lui avouai bonnement que je m'étois ſervi de cette ruſe pour la tranquilliſer.

Elle en parut plus empreſſée à quitter le cabinet. Je remontai chez moi, où je trouvai le Marquis. Je vous fais mon compliment, me dit-il, me croirez-vous une autrefois? Je fus fâché qu'il nous eût épié; j'avois compté qu'il veilleroit pour notre sureté, & qu'il n'auroit pas le temps de nous examiner. « J'ai tremblé, continua-» t-il, en vous voyant prendre un si » long détour; assurément vous con-» noissiez déjà Madame Moranval: » vous n'auriez pas réussi avec une au-» tre en vous conduisant de même. » Il en sçavoit trop pour lui cacher » quelque chose, je lui contai mon » histoire.

Après cette marque de confiance, je crus pouvoir exiger quelque chose de la sienne. « M'apprendrez-vous, » lui dis-je, par quel hasard vous » avez fait construire un pareil cabi-» net, & qui vous en a donné l'idée? » Je n'ai rien à vous refuser, me ré-» pondit-il, & il continua en ces » termes.

» Ce fut un pauvre Mathématicien » qui m'en fit concevoir le dessein. » Cet homme aussi riche en sçavoir, » que pauvre en moyens, s'étoit ruiné

» à faire des expériences ; je lui fourni de quoi ſatisfaire ſon goût, & j'en ai bien été récompenſé : il m'a laiſſé des choſes uniques.

» J'amenai ici une Nymphe de l'Opéra que j'avois alors, quelques temps après que mon cabinet eut été achevé ; je lui en donnai la clef, comme je l'ai toujours donnée à toutes les femmes. Un matin que j'avois fait ſemblant de vouloir aller rendre viſite à un de nos voiſins, je vins me mettre en embuſcade dans l'autre piéce où aucun de mes gens n'eſt jamais entré. Je n'attendis pas long-temps ; ma Déeſſe parut avec mon Valet de Chambre, & j'eus de quoi me convaincre de ſa fidélité.

» Cette avanture me dégoûta de l'Opéra. Je voulus tâter de ces femmes qu'on nomme honnêtes, & qu'on ſuppoſe fideles à leurs Amans, parce qu'elles ne le ſont pas à leurs maris. Madame d'Hancourt, à qui

» j'offris mes vœux, avoit reçu ceux » d'un jeune Mousquetaire ; cependant elle ne refusa pas les miens. » Voyant que des progrès légers, comme ceux que je faisois auprès d'elle, » annonçoient quelque obstacle secret ; » je voulus connoître mon Rival. J'arrangeai une partie de campagne, » dont fut M. de Lodi, c'étoit le nom » de son Amant, & celui qui m'inquiétoit davantage ; au moyen de la » liberté que je lui laissai, j'eus bientôt la certitude de ce que je n'avois » fait que soupçonner. Mais le Mousquetaire étant inopinément parti » pour Paris, je profitai de son absence. Ayant un jour conduit la » cruelle d'Hancourt dans ce même » cabinet ; je me plaignis si vivement » des tourmens qu'elle me faisois » souffrir, que touchée de mon désespoir : elle voulut bien le calmer. » De retour à Paris, le premier Amant » revint ; on voulut le ménager ; j'en

» témoignai de la jalousie, peut-être » l'auroit-elle quitté : j'aimai mieux la » quitter moi-même.

» Je fis une autre épreuve. La veu- » ve d'un Conseiller venoit passer la » belle saison près d'ici ; elle étoit ai- » mable, jeune encore. Je la voyois » souvent ; que dire à une femme, si » on ne lui dit des douceurs ? Elle affi- » choit la réserve & la retenue ; je pris » le ton d'un homme à sentiment, & » dans un dialogue très-philosophique » & dans le vrai goût de Platon, je » l'assurai d'un amour éternel. Elle se » fâcha de cet aveu, & me défendit » de prononcer jamais le mot d'a- » mour devant elle. Toutes les fois » que je la voyois, elle me réitéroit » cette défense ; je lui fit voir un jour » qu'elle vint chez moi, le cabinet » des glaces : elle en parut enchantée. » Le beau lieu ! disoit-elle ; convenez » Madame, lui répondis-je, que si » vous n'aviez pas banni l'amour, il

» feroit bien ici. Elle voulut me prou-
» ver que l'amour eſt une paſſion fol-
» le toujours ſuivie du repentir. Pour
» me convaincre, il falloit faire une
» longue diſſertation. Quand on parle
» longtemps, il faut s'aſſeoir ; vous
» ſçavez qu'il n'y a pour tout ſiége
» que le ſopha : elle ſe mit deſſus ;
» je pris place à ſes côtés : hélas ! ma
» modeſte veuve n'eut pas la force
» d'achever ſon diſcours.

» Je me ſouviendrai toujours d'une
» aventure comique, qui m'arriva
» quelques-temps après. Je reçus la
» viſite de la femme de N . . . . . le
» Financier ; elle étoit avec un jeune
» Poëte, qui avoit donné une piéce
» aux François ; comme il avoit eu
» quelque réuſſite, il ſe crût bientôt
» plus de nerf que Corneille, d'har-
» monie que Racine, & de feu que
» Crébillon. Madame N . . . . . avoit
» la clef du cabinet : elle y vint avec
» l'Auteur. Je ne ſçais ſi elle avoit trop

» usé du pouvoir de ses charmes, ou » si le pauvre diable avoit moins de » corps que d'esprit. Je la vis le re- » pousser avec une espéce de dédain ; » & lui levant les yeux aux ciel en » Héros de Théâtre, il alla faire des » vers sur son tragique accident ; pour » moi, dès qu'il fut retiré, je sortis » de ma guérite, & étant entré dans » le cabinet, je consolai l'infortunée » N . . . . du peu d'énergie des » hommages de son frêle adorateur. » Ce fut une chose plaisante que la » scène muette qui se fit entr'eux à » table, aussi bien que l'air contrit » de l'Eléve de Melpomène. On put » voir alors un Poëte humble. Je » pourrois vous raconter nombre d'his- » toires dans le même goût, mais une » plus longue conversation donneroit » des soupçons à la Moranval.

Nous descendîmes dans la salle ; n'y ayant trouvé personne, nous fûmes dans l'appartement de M. Moranval, où nous rencontrâmes sa femme. Elle nous demanda avec beaucoup d'empressement des nouvelles de l'Abbé: nous lui dîmes que nous le croyons encore au lit. Je lui demandai, en la regardant malignement, si elle lui avoit donné quelque rendez-vous auquel il eût manqué; elle se déconcerta, & il me sembla lire dans ses yeux qu'elle l'accusoit d'indiscrétion, en même-temps qu'elle m'appelloit mauvais plaisant.

Monsieur, Madame Moranval, le Marquis & moi, nous allâmes chez l'Abbé, qui dormoit encore très-profondément. En ouvrant les yeux, il se félicita d'avoir aussi bien passé la nuit, & ayant apperçu Madame Moranval; » vous allez être en colère contre moi, » Madame, lui dit-il; mais en vérité... » Pourquoi Monsieur, en colère contre vous? répondit-elle . . . . Et » oui, oui, je vous avois promis . . . » & quand . . . Vous rêvez M. l'Abbé,

» répliqua-t-elle d'un ton indigné; » reveillez-vous, je vous prie. Mes» ſieurs laiſſons lui réprendre ſes ſens » & ſa raiſon. Deſcendons: elle ſor» tit de la chambre & nous entraîna.

Quelques temps après l'Abbé parut; on dîna. Madame Moranval le parcouroit d'un air de courroux, qui loin de l'humilier, ſembloit le rendre plus aſſuré; cette bravade la piqua réellement: elle tira ſur lui à boulets rouges; il ſe défendit d'abord aſſez bien; mais s'étant vû toute la compagnie ſur les bras, il ſe battit en retraite, & nous le pouſſâmes ſans quartier. Son orgueil fut terraſſé; l'orgueil eſt le côté foible par lequel on ne pardonne pas d'être attaqué: auſſi l'Abbé ſe voyant traité à outrance, dit quelques impertinences à Madame Moranval, que ſon mari n'entendit pas, & que nous eûmes la bonté de ne pas relever, & feignant après dîner des affaires à Paris, il partit ſans qu'on s'empreſsât beaucoup à le retenir. Nous reſtâmes huit jours à la campagne, après quoi nous revînmes à la Ville.

La grande paſſion de Madame Moranval, après la galanterie, étoit le jeu; elle y paſſoit un temps très-conſidérable. J'y pris goût, & je devins bientôt un joueur déterminé. Ce fut même au point, que ſans m'en appercevoir, je m'éloignai d'elle; & que je fus remplacé avant de connoître que j'avois perdu ſes bonnes graces.

Son changement ne fit que gliſſer ſur moi; je n'aimois plus que le jeu. Je gagnai d'abord conſidérablement, mais dans peu je perdis tout, & le double avec. Quel Démon que celui du jeu! Je ne penſois, je ne rêvois plus que cartes. Le repos avoit fui loin de moi; je ne dormois plus la nuit, & le jour je n'étois bien que dans quelques-unes de ces dangereuſes maiſons, qu'on appelle Académies; où les jeunes gens perdent ſouvent & leur honneur & leur ſanté,

& où à coups sûr ils dérangent leur fortune.

J'y fus un jour témoin d'un trait frappant. Un homme assez bien mis, jouoit depuis long-temps avec un guignon marqué, & perdoit considérablement ; il paroissoit tranquille. Mais sur un coup extrêmement piquant, & qui annonçoit une infortune décidée, son visage s'altère ; il se léve furieux, traverse rapidement la Salle, & va frapper de la tête l'angle sortant que formoit la cheminée. Il semble bondir dessus, fait cinq ou six pas à reculons, & vient tomber à mes pieds. Il se releve, retombe. Son crâne étoit ouvert ; ses cheveux pleins de sang. On le porta chez un Chirurgien, où malgré tous les secours, il mourut au bout de quelques heures.

Ce spectacle me fit horreur ; mais on est accoutumé dans ces sortes de lieux à des scènes infernales. Imaginez, Madame, une Assemblée de frénétiques tourmentés tour-à-tour par la crainte, l'eſpérance & le déſeſpoir, & vous aurez à peu près l'idée d'une Salle de Jeu.

L'un déchire les cartes, l'autre les mord : celui-ci ſe tord les bras, celui-là grince les dents : un Peintre qui voudra jamais travailler ſur le ſéjour des damnés, doit venir prendre des mémoires dans un tripot.

Le plus terrible de cette paſſion, c'eſt qu'elle vous occupe tout entier. Je perçai les nuits, m'allumai le ſang, & tombai malade. Mon pere qui m'aime tendrement, eut pour moi ces attentions qui caractériſent les ſoins paternels; je lui dûs la vie une ſeconde fois.

On me fit promettre de quitter le jeu; nous le remplaçâmes, un de mes amis & moi par les ſpectacles, amuſement honnête & décent, propre à former l'eſprit & le cœur, & plus utile aux mœurs, quoiqu'en diſent tous les Déclamateurs de l'Univers, que ces traités de morale volumineux, où l'on bâille bien plus qu'on ne s'inſtruit.

J'aimois la Comédie ; mon ami l'Opéra : nous nous faiſions mutuellement le ſacrifice de nos goûts. Le jour de la repriſe de T... Je l'accompagnai ; nous nous mîmes dans une loge, où avant-nous étoit une femme ſeule. A peine m'eût-elle entendu parler, que ſe retournant elle me regarda fixement. Il me ſembloit que ſa phiſionomie ne m'étoit pas étrangere ; mais je craignois de me tromper. « Monſieur, me dit » cette femme, ne ſeriez-vous pas le » Chevalier D... ? Je balbutiai un oui, » pendant lequel l'ayant reconnue, » ah ! c'eſt Mademoiſelle Desforts, m'écriai-je.

Vous vous rappellez, Madame, cette Maîtreſſe avec qui j'avois entretenu une ſi longue correſpondance, & qu'un Officier avoit enlevée à ſon pere, c'étoit elle à qui je parlois. Et par quel miracle, lui dis-je, vous rencontrai-je ici ? Je vous en inſtruirai, me répondit-elle, venez demain dîner avec moi. Elle me donna ſon adreſſe.

L'Opéra me parut long, mon ami s'y amuſa beaucoup & le trouva divin, accoutumé à n'y rien entendre; je me rendis à ſon ſentiment; je voulois accompagner Mademoiſelle Desforts qui me pria de remettre la partie au lendemain.

Je volai chez elle; je la trouvai dans un appartement ſuperbe & du dernier goût. Dès qu'elle m'eût apperçu, elle ſe précipita dans mes bras, je l'y ſerrai avec ardeur, & nous fîmes une ſcène muette pleine de tendreſſe. Je reſpirois ſur ſa bouche l'haleine du plaiſir; elle fut émûe : l'émotion étoit encore faite pour elle, qu'elle me la communiqua promptement! Ah! laiſſe, me dit-elle, tu me fais mourir. Telle eſt l'expreſſion de la volupté. Je mourois moi-même, & mon ame s'exaloit en ſoupirs enflammés.

Ce fut ainſi que ſe paſſa le premier moment de notre entrevûe. Elle appella,

pella, on servit, & nous dînâmes. De temps en temps elle me prenoit la main qu'elle serroit avec force; je pressois ses genoux avec les miens. Il nous tardoit d'être libres.

Un bon dîner fait couler dans nos veines,
Des passions les semences soudaines.

» Viens, viens encore réaliser mon » bonheur, me dit avec le sourire des » graces, cette charmante Desforts; » près de toi mes sens s'égarent: ils » cherchent le plaisir. » Qui pourroit résister à d'aussi douces instances! « Ah! tu m'as trahi, mais je t'aimai » toujours, lui répondis-je. » Son ame étoit dans ses yeux, que les desirs enyvroient; la mienne étoit sur mes lèvres. On fait rarement à l'amour des sacrifices, qu'il puisse regarder d'un œil aussi favorable.

Je brûlois d'envie de sçavoir comment elle étoit à Paris, ce qui lui étoit arrivé depuis qu'elle avoit disparu. Voici ce qu'elle me raconta.

» Quelques-temps après notre dé-» part de la Ville, mon Pere qui aime » la chasse comme un Gentilhomme de » campagne, y rencontra un jeune » Officier, qu'il invita à souper. De » Ville, c'étoit son nom, avoit de ton » air, ne manquoit pas d'esprit, & » me regarda de la manière la plus » passionnée. J'avois beau baisser les » yeux, si je les relevois un instant, je » rencontrois les siens. Il me dit mille » choses flateuses, & trouva le mo-» ment de me jurer un amour éternel. » Il devoit repartir incessamment pour » Paris; mon Pere lui fit promettre » de venir passer quelques jours avec » nous: il promit, & revint deux jours » après. Je ne te dirai pas que j'en fus » fâchée: il te ressembloit; je l'avois » regardé avec plaisir: je sentis que je » le revoyois avec joie. La journée fut » satisfaisante pour moi. De Ville fut

» aux petits ſoins, & te rappella à
» mon imagination. Après ſouper cha-
» cun monta dans ſa chambre ; je me
» retirai la dernière. Avant de me cou-
» cher, je relus ta dernière Lettre,
» elle me ſembla ſi tendre..... J'en
» ſoupirai. Je me mis au lit ; quel fut
» mon étonnement ! De Ville lui-
» même étoit à mes côtés. C'eſt le plus
» amoureux des hommes, me diſoit-il,
» raſſurez-vous. Je voulus crier.....
» Qu'allez-vous faire ; vous vous per-
» dez. Je réſiſtai..... mais peut-on ré-
» ſiſter long-temps en pareil cas ? Ton
» idée, ſes careſſes, ah ! ma raiſon
» étoit confondue..... Il vainquit. La
» faute faite, je la vis toute entière ;
» je m'abandonnai à la douleur. Un
» torrent de larmes couloit de mes
» yeux ; vainement il mit tout en uſa-
» ge pour me conſoler. Je me déſeſ-
» pérois..... Je me voyois la fable du
» public, la honte de ma famille, &
» peut-être la victime de la colère pa-

» ternelle. Enfin, il épuiſa toute ſa » rhétorique, & finit par me propoſer » de m'emmener à Paris. Je ſaiſis ſon » idée & j'acceptai. De Ville en uſa » d'abord très-bien, mais il n'étoit pas » riche, & moins encore délicat. Il » parla de moi au Duc de... ſon Colo- » nel. Le Duc vint un jour ſouper » chez nous, & mon indigne Amant » s'étant retiré, me livra à lui. Je » ſuis donc au Duc; généreux, com- » plaiſant, il m'aime beaucoup. Il m'a » pris dernièrement une envie d'écrire » à mon Pere; je lui raconte mon hiſ- » toire avec toute la franchiſe poſſible, » ſans pourtant nommer le Duc; je » lui mande que j'ai quitté ſon nom, » & que déſormais il ne s'attende plus » à recevoir de mes Lettres.

» Pourquoi donc, lui dis-je, tu » peux redevenir une femme eſtima- » ble; le Duc qui t'aime, peut te met- » tre en état de te paſſer de lui, tu pourrois alors.... Redevenir dé-

» cente ? Non, non, je ne crois pas » que l'envie m'en prenne de ſitôt... » Quoi ! l'eſtime ... la conſidération ? » Que veux-tu dire avec ton eſtime & » ta conſidération ? L'une & l'autre » me manquent-t-elles ? Compare une » femme honnête avec moi, & juge » laquelle de nous deux réuſſira le » plus facilement dans quelque entre- » priſe que ce ſoit, auprès des Ma- » giſtrats, des Prélats ou des Grands ? » Depuis que je ſuis à Paris, j'ai fait » réuſſir vingt affaires, & placé dix » jeunes gens. J'ai eu des emplois pour » les uns, & des bénéfices pour les au- » tres. Dans toutes ces occaſions, on » m'a mis des femmes en tête, car » les femmes ſe mêlent de tout, & » je l'ai toujours emporté. Qu'eſt-ce » que tout cela, ſi ce n'eſt des marques » d'eſtime & de conſidération ? Tu me » diras que c'eſt le Duc que l'on regar- » doit en moi, je ſçais ce que je pour- » rois te répondre, mais quand cela

» seroit, que m'importe? En aurai-je » moins joui, de tous les dehors de » cette estime, & de cette considération si sensibles? Que seroit mon » crédit comme honnête femme? Rien, » tant que je voudrois l'être strictement; » & en vérité, pour ne l'être qu'à moitié, ce n'est pas la peine. »

Je souriois à tout ce beau discours. « Tu crois bonnement, repris-je, que » l'on t'estime, & que l'on te considère? . . . Sans doute . . . . Essaie de » te trouver avec des femmes honnêtes, tu verras . . . . Quoi? les hommes paroître pleins d'attention pour » elles, & en avoir réellement pour » moi; leur adresser des complimens » qui veulent être passionnés, & qui » ne sont que polis, tandis qu'ils me » lancent des regards mille fois plus » flateurs. Encore souvent ne ménagent-ils pas tant tes héroïnes. Il n'est » pas rare de voir dans une assemblée » mêlée de femmes de différens dé-

» grés de vertu : il n'eſt, dis-je, pas
» rare de voir la foule autour de mes
» pareilles. Je ſçais bien que les dra-
» gons d'honneur nous déchirent, nous
» mépriſent ; mais c'eſt un vice de
» tempérament qui n'a rien d'éton-
» nant chez les femmes ; elles ſe haïſ-
» ſent, ſe méſeſtiment toutes, & pen-
» ſent de leurs meilleures amies ce
» qu'elles diſent de nous. Nous ſommes
» au fond bien dédommagées de leurs
» vaines clameurs, par les éloges des
» hommes ; & de leurs mépris par les
» confidences des malheureux qui vien-
» nent ſe conſoler dans nos bras. Crois-
» moi, d'ailleurs, il n'eſt peut-être pas
» tant de différence entre une femme
» eſtimée & une qui ne l'eſt pas. J'ai con-
» ſolé le Duc d'avoir une femme, & le
» jeune Marquis de..... conſole la
» Ducheſſe de n'avoir plus de mari.
» Je voudrois bien ſçavoir pourquoi
» la Ducheſſe ne ceſſe pas d'être eſti-
» mable, & pourquoi je ne le ſuis

» plus ? Dis-moi, interrompis-je, le » Duc eſt-il informé de ce que tu me » dis-là ? . . . Je le tiens de lui. Oh ! » c'eſt un bon mari, point formaliſte. » Je veux t'en faire faire connoiſſance, » il peut t'être utile. . . . A moi ? ah ! » bien obligé. Ne te fâche pas ſi je » te parle auſſi franchement ; mais je » t'aſſure que je n'obtiendrai jamais » de graces par ſon canal. Je ſçais » bien que ce n'eſt plus la mode d'être » glorieux en pareil cas. Je ne ſuis » pas à la mode. Me fâcher, me ré- » pondit-elle, & pour quel ſujet ? Tu » ne veux pas parvenir par le moyen » des femmes ; je ſouhaite que tu » réuſſiſſe ſans elles ; j'en doute cepen- » dant. Comment veux-tu qu'on de- » vine le talent, ſi le ſujet n'eſt por- » té, & mis en ſituation de le faire » valoir ? Vois Meſſieurs tels & tels ; » l'un doit ſa fortune à ſa mere, l'au- » tre à ſa femme, celui-ci à ſa ſœur, » celui-là à ſa couſine, & un autre à ſa Maîtreſſe.

» Maîtreſſe. De quelque trempe que
» ſoit un génie, comment ſeroit-il poſ-
» ſible qu'il ſe fit jour à travers cette
» multitude innombrable de protégés
» prônés ſur les toîts ; ſi quelque petite
» Maîtreſſe qui le rencontre par hazard,
» ne le relevoit par pitié, & ne le ſou-
» tenoit par orgueil ? Au reſte de tou-
» tes les voies que tente le peuple
» ſémillant, des prétendans à la for-
» tune, il n'en eſt pas de plus hono-
» rable que celle des femmes. Non
» aſſurément, repris-je, d'un ton iro-
» nique ; pas même celle de la vertu...
» Bon, la vertu, eſt-ce qu'on parvient
» par-là ? . . . Rarement ; mais les ſec-
» tateurs idiots de cette chimère, ont
» des opinions ſingulières ; ils préten-
» dent que la conſcience de leur droi-
» ture, & leur eſtime propre, les dé-
» dommagent bien amplement des ca-
» prices & des injures du ſort ; ils
» vont plus loin, ils diſent que les
» marques extérieures de l'eſtime d'une

» partie du public, que l'estime réelle » même du public entier, met bien » au-dessous d'eux certaines personnes » qui se connoissent mieux qu'on ne » les connoît. Je conviens qu'ils ont » tort, que l'aisance, de quelque ma- » nière qu'on l'acquiert, réconcilie » avec soi-même; mais .... malgré » moi je suis de leur avis. Ici je vis » le rouge colorer le visage de la Des- » forts : finissons, me dit-elle, cette » désagréable dispute, & parlons d'au- » tre chose. »

Je me tus, & nous prîmes des mesures pour nous revoir. Le Duc venoit souper avec elle trois fois la semaine; les autres jours me furent réservés.

L'amour occupa d'abord toute la capacité de l'ame de la Desforts; mais dans ses soupers avec le Duc, soit pour s'étourdir, soit pour suivre son exemple, elle apprit à sabler le Champagne comme un Allemand; &

comme elle avoit imité le Duc, je la copiai au point que depuis tous nos ſoupers finiſſoient par noyer notre raiſon dans la liqueur vermeille de Sillery.

Elle étoit ſinguliérement folle dans cet état; & de mon côté, il me ſemble que j'étois fort gai. Un jour nous eûmes une diſpute, je ne ſçais trop à propos de quoi; mais comme je ne lui répondois qu'en ricanant, elle devint furieuſe. Elle me fit des menaces qui ne m'émurent point du tout; au contraire, je continuai de plus belle à faire le goguenard. Enfin, elle prit un couteau, & s'avança ſur moi pour m'en frapper. Son action me déconcerta peu dans l'état où j'étois, au moment où elle me portoit le coup qui perça mon habit & m'effleura le ſein: j'avançai devant elle un flambeau, à l'inſtant le feu prit à ſes cheveux; & l'enragée au lieu de l'éteindre, ſe mit à la fenêtre en criant à l'aſſaſſin. Ses cris me rendirent mon ſang froid, je deſcendis promptement; les Domeſtiques accoururent. J'étois dans la rue, où je fis un bon vœu de de ne plus revoir une auſſi extravagante Créature. La Desforts fit envain depuis pluſieurs tentatives pour notre raccommodement; j'y réſiſtai.

Quand mes Amourettes ont fini, mes Amis ou l'étude ont toujours profité de l'interregne: j'avois perdu de vue celui à qui j'ai adreſſé la premiere Partie de mon Hiſtoire. Nous nous rencontrâmes quelques temps après cette aventure. Je la lui racontai, il en rit beaucoup & me fit à ſon tour confidence de tous ſes faits & geſtes. Pour le punir de ſon indiſcrétion; je devrois vous inſtruire de ſa vie; mais vous connoîtriez ſon cœur comme le mien, cette prérogative m'eſt trop chere pour la partager.

Comme il étoit deſtiné au génie, il faiſoit un cours de Mathématique. J'avois quelque teinture de cette ſcience; il me prit envie de m'y perfectionner. Nous fûmes enſemble chez le même Maître; & je fis des progrès aſſez rapides pour m'encourager à continuer.

Notre Maître commun, que je n'avois pas inſtruit de mes premières études, en parut étonné. « J'ai parlé de » vous, me dit-il un jour, à une Da» me fort aimable, jadis mon Ecoliere » auſſi; elle ſeroit charmée de vous » connoître. Voulez-vous lui rendre » une viſite? Très-volontiers, repris» je... Hé bien, nous irons demain, » .... Aujourd'hui ſi vous voulez.... » Non, elle nous attend demain.

Je fus préſenté à Madame de Broncourt, qui me reçut fort bien. Elle avoit avec elle un petit homme qui parloit ſans ceſſe, & j'apperçus qu'on me parcouroit avec attention. J'affectai l'air hypocrite que doit avoir un ſujet à l'examen; je parlai peu: elle me prit pour un penſeur, & le petit homme me regarda comme un sot. Je fus invité à revenir, & l'on remercia beaucoup M. Léti, c'étoit le nom du Mathématicien.

Madame de Broncourt, qui avoit bien 30 ans, ne trompoit personne sur son âge. Elle n'étoit pas mal, mais sans grace. Belle peau, point de couleurs, taille élégante, & point de gorge; elle remédioit au premier de ces défauts par le rouge, & au second par le soin extrême avec lequel elle cachoit son sein. Tel étoit son portrait quant à l'extérieur. On ne pouvoit lui refuser de l'esprit, mais il étoit comme sa personne, plus sec que juste, plus emphatique que gracieux; parlant vers, prose; se croyant, avec un peu d'Algèbre & d'Astronomie, plus profonde que Newton, & plus habile que Cassini. Veuve de bonne heure d'un homme fort riche & fort avare: elle avoit eu pendant sa vie & depuis sa mort, plusieurs affaires de cœur; on voyoit encore à sa suite de jeunes Prosélytes de l'art d'Euclide & d'Archimède; mais ses discours éternels sur la vertu, sur l'empire que l'ame doit avoir sur les sens, fermoient la bouche à la critique.

Telle que je viens de la dépeindre, Madame de Broncourt, pouvoit passer pour une bonne fortune. Je la revis; elle étoit avec un Officier, petit Maître décidé; un Académicien, bavard impitoyable; deux Chymistes gravement taciturnes & le plus distrait de tous les Astronomes. On fit d'abord une comparaison neuve entre Newton & Descartes: on pésa leur systême; & le sublime, l'immortel flambeau d'Albion, fut exalté à perte de vue sur les débris du Temple, que le vulgaire des Sçavans, qui veulent comprendre ce qu'ils lisent, avoit élevé à la mémoire du Héros de l'évidence.

Au milieu de la conversation, l'Astronome l'interrompit. « Que dites-

» vous de l'ouvrage de M. de la C...
» Madame ... eh! mais il eſt aſſez
» bon ... oui, il y a des démonſtra-
» tions ... & vous? je ſuis entiére-
» ment de votre avis, Madame.

Juſqu'ici les deux Chymiſtes n'avoient pas dit un mot, l'un des deux parut ſortir de ſa l'éthargie; « Sthall,
» divin Sthall, s'écria-t-il; quel
» homme! Madame, quel homme!
» il a connu les vrais principes chy-
» miques; il a vu la nature dans ſon
» atelier. Nous n'avons plus perſon-
» ne à préſent, le ſiécle .... Vous
» avez, répondit la Dame, M. R...
» il paſſe pour habile, & l'eſt effecti-
» vement... Oui, mais Sthall, Sthall...
» & il retomba dans ſon aſſoupiſſe-
» ment.

» Il eſt vrai, reprit Madame de
» Broncourt, que le ſiécle eſt bien dé-
» généré; il n'eſt plus d'hommes, plus
» d'ouvrages: tout eſt colifichet. Un
» Auteur a-t-il rangé un grand nom-

» bre de matieres dans l'ordre qu'il
» ſuppoſe naturel ; a-t-il ſemé çà &
» là quelques réflexions ſuperficielles
» & couſu , le tout avec quelques
» phraſes un peu ſaillantes , il croit
» fermement avoir inſtruit ſon ſiécle ;
» il ſe regarde avec reſpect , & penſe
» prouver que le feu du génie n'eſt
» pas encore éteint. » Dès le commencement de la phraſe de la Maîtreſſe de la maiſon ; l'Académicien rougit. Il avoit fait un Livre , & comptoit ſur une exception en ſa faveur ; cependant il ne releva pas le propos de Madame de Broncourt. L'Officier l'interrompit ; « ah ! Madame ,
» permettez , nous avons dans cer-
» tains genres des génies pleins d'élé-
» gance & de gentilleſſe. Pour les
» Spectacles ; l'Opéra-comique , par
» exemple , c'eſt une découverte de
» notre ſiécle. Nous ne nous apperce-
» vons pas que Racine ni Corneille
» nous manquent. Car enfin , abju-

» rons ce respect outré que l'on porte » à l'antique, une Ariette ne vaut-» elle pas bien certaines scènes de nos » grands Tragiques? Ces jeunes fil-» les qui disent de si jolies choses, si » naturelles . . . » *ah! que c'est beau les rues; la mollesse qui repose avec les maux; l'absence & la gêne, que l'on souffre sans peine quand on aime bien.* » Je vous abandonne tout le reste, » dans quoi nous n'avons plus, il est » vrai, que des Auteurs nains, avor-» tons; mais grace pour le Spectable » de la Nation.... Oui de la Nation, » ajoûta-t-il, voyant que l'on sourioit; » la Tragédie est Grecque, l'Opéra-» comique est François, & né en Fran-» ce comme Descartes; mais à pro-» pos, je suis chargé d'en faire réus-» sir un aujourd'hui; Madame, Mes-» sieurs, vous voudrez bien excuser... » & il sortit ». C'étoit à peu près l'heure où des Gens de Lettres, sont censés devoir rentrer dans leur cabinet : aussi mes Sçavans défilèrent l'un après l'autre, & je restai seul avec Madame de Broncourt. Je voulus l'instant d'après les imiter : elle me retint. » Quelque chose de pressant vous ap- » pelle-t-il ailleurs ? . . . Je craignois, » Madame, de vous incommoder. . . » Restez, vous ne m'incommodez » point

Les Personnages qui venoient de nous quitter firent le sujet de notre entretien : elle m'en fit l'histoire critique, parla légérement de leurs connoissances, & s'étendit modestement sur les siennes. Elle avoit, disoit-elle, secoué le joug injuste que les hommes veulent imposer à son sexe, en le condamnant à l'ignorance & à la futilité. Elle s'étoit à la vérité assujettie aux ridicules de la mode, parce qu'elle sçavoit qu'on ne lui pardonneroit jamais de les fronder par un usage contraire ; mais la mode n'étoit qu'extérieure, & en s'y soumettant, on lui permettoit d'en penser selon ses principes, (c'étoit ainsi qu'elle excusoit ce vernis de coquetterie répandu sur toutes ses actions). Elle s'étendit ensuite sur les avantages de la science, qui consoloit de tout, causoit les plaisirs les plus vifs, rappelloit le passé, fixoit le présent, & transportoit notre existence dans l'avenir ; sur-tout plaçoit l'ame sur un trône élevé au-dessus des passions, à qui elle commandoit comme à ses esclaves.

J'ai remarqué depuis, que cette dernière phrase étoit presque toujours le terme où aboutissoit toutes les conversations de Madame de Broncourt. Elle s'étoit fait une réputation de vertu, comme bien des gens s'en font de bravoure, en disant à tout le monde qu'ils sont braves.

Elle me demanda si j'avois quelque teinture d'Astronomie, je lui répondis que non : « j'en suis fâchée, dit-elle, » nous aurions fait quelques observa-

» tions ensemble. Ah ! Madame, re-
» pris-je, je n'ai jamais aussi vivement
» senti quel tort peut faire l'ignorance, que dans une occasion où elle me
» prive du bonheur de passer quelques
» instans auprès de vous. »

Les Sçavans & les Sçavantes surtout, aiment la louange. C'est un parfum délicieux qu'ils respirent à longs traits, & dont ils s'enyvrent avec une volupté modeste. Madame de Broncourt, sensible à mon compliment, me dit que peu de jours suffiroient pour me donner des connoissances, qu'elle se feroit un plaisir de perfectionner. Je lui témoignai ma reconnoissance autant par mes regards que par mes discours, & si elle ne répondit pas aux uns d'une manière bien décisive, elle parut assez satisfaite des autres, pour m'engager à prendre incessamment de M. Léti les premières leçons.

Le lendemain j'en parlai à M. Léti, » vous allez donc observer ? me dit-il,

„ je l'avois prévu. Qu'entendez-vous „ par-là ? Moi ? Rien... Mais Qu'a- „ vez-vous prévu ?... Ce que vous di- „ tes, que Madame de Broncourt vous „ aſſocieroit à ſes obſervations..... „ Après ? .. Prenons notre leçon, Mon- „ ſieur, & dépêchez-vous d'être aſſez „ inſtruit. „ Il ſourit malignement.

J'appris en aſſez peu de temps l'état du Ciel d'une manière paſſable, & je rendis compte à Madame de Broncourt de mes progrès. Elle en parut charmée, & pour les accélérer, elle me communiqua un recueil rempli des détails élémentaires, qu'elle-même avoit rédigés. Je l'emportai chez moi, & ce fut en le liſant que je m'éclairai un peu ſur le compte de ma docte Maîtreſſe. J'y trouvai cette Lettre originale.

MADAME,

Vous me faites tort en me reprochant que je ne vous aime pas. Notre ame étant faite pour être touchée de ce qui est beau, il est clair qu'elle doit l'aimer, dès qu'elle le connoit. Or, j'ai l'honneur de vous connoître, vous êtes douée d'une beauté parfaite, il est donc évident que je dois être touché de la beauté de vos appas, & que je vous aime. C. Q. F. D.

Oui, Madame, je vous aimerai toute ma vie, & je n'aimerai que vous, & comme Archimède fit graver sur son tombeau une sphère circonscrite à un cylindre, je ferai mettre sur le mien un cube, sur lequel on verra un cercle avec sa tangente; le cube sera l'emblême de mon immuable ardeur, & le cercle que la tangente ne peut toucher que dans un seul point, représentera mon cœur, que l'amour n'aura pu toucher que pour vos seuls attraits. MARCULFE.

Je demandai à M. Léti s'il connoissoit le nom de Marculfe.... « M. » Marculfe? je le connois, & Mada-

» dame de Broncourt auſſi. Ils ont obſervé long-temps enſemble. Son Pere » l'a rappellé en Allemagne, & je vous » crois deſtiné à le remplacer. Il me » regarda. Léti connoiſſoit le Monde » mieux que les Mathématiciens ne le » connoiſſent ordinairement. »

Cette rencontre me rendit moins timide. La Société de Madame de Broncourt contenoit auſſi des Poëtes, & je fis encore mes preuves dans ce genre, par des déclarations rimées; Madame de Broncourt les reçut aſſez favorablement, pour me perſuader qu'elle les avoit entendues, quoi qu'elle n'en fit pas ſemblant. Certains regards, qui dans le temps où l'on avoit du monde, me diſtinguoient du reſte de la compagnie; des ſouris d'approbation pour tout ce qui partoit de ma muſe, que ſçais-je encore? Je me perſuadai que je pouvois bien n'être pas haï.

Voici comment je fus confirmé dans mon idée. Les Poëtes qui compoſoient la la petite Académie de Madame de Broncourt, avoient entrepris de s'exercer dans tous les genres de Vers ; on avoit commencé par des Chanſons, des Epigrammes, des Rondeaux, des Ballades, des Sonnets, &c. & l'on prétendoit pouſſer juſqu'aux Poëme-Epique. C'eſt de-là que viennent de temps à autre cette foule d'ouvrages qui inondent la Ville. Il n'y pas long-temps qu'on en étoit-aux Héroïdes ; vous ſçavez, Madame, avec quelle fureur le Public les a vû ſe répandre. C'eſt à preſent le règne des Opéras-Comiques, & des Epîtres Philoſophiques. Dans le temps dont je vous parle, les Contes étoient en vogue. Chacun choiſiſſoit ſon ſujet, je fus le premier à en préſenter, & voici le mien.

LE CONSEIL MAL SUIVI.

CONTE.

VEUVE à ſeize ans d'un vieil mari,
L'aimable Iris, dans le fonds d'un bocage,
Avec plaiſir en ſon cœur attendri,
D'un jeune amant gravoit la douce image.
Novice en amoureux plaiſirs,
Elle n'avoit de ſon ménage
Nuls agréables ſouvenirs
Pour s'occuper dans ſon veuvage;
Las un vieillard glacé, glace auſſi les deſirs.
A ſeize ans novice! à cet âge!
Après ſix mois de mariage!
Ah! les femmes de ce temps-ci
N'ont pas à craindre un tel ſort, Dieu merci.
Tant-mieux, dira quelqu'un, c'eſt pour en faire uſage,
Qu'à ſeize ans on a des appas;
N'eſt-ce pas être fou, que de ſe croire ſage,
Poſſédant un tréſor, de ne s'en ſervir pas?
Mon Iris raiſonnoit peut-être ainſi tout bas.
Gazons fleuris, alcoves où ſommeille.

Un jeune objet, dont le cœur veille;
Confidens de ses vœux, de ses tendres projets
Vous vous taisez sur ses discours secrets.
Iris habitoit un village
Assez éloigné de Paris;
Comme Dame de haut parage.
Elle voyoit un antique Marquis,
Seigneur haut & puissant d'un fief du voisinage,
Considéré dans le pays,
Aimant la joie, & dans son hermitage
Ayant toujours quelques amis.
Il avoit invité Damis.
Damis étoit un personnage
Fort singulier, moitié fou, moitié sage:
Tour-à-tour tendre amant & léger papillon.
Tantôt bruyant plumet, tantôt grave Caton.
Il avoit sur-tout un sistême,
Pas trop nouveau, mais bien d'une sottise extrême:
Il prétendoit que dès qu'une Beauté,
Soit dévote, prude ou coquette
Avoit une fois écouté
Et fait réponse à la fleurette;
Son but étoit, ... ce que tous mes Lecteurs
Devineront sans être grands docteurs.
D'ailleurs d'un très-bon caractere,
Et le plus aimable garçon ....
Du plus grand air... du meilleur ton...

Figurez-vous l'Amour en Mousquetaire.
En arrivant dans ce canton
Il apperçoit Iris, rêvant sur le gazon,
Admire son gentil corsage
Et les graces de son visage.
Sa personne à son tour, frappa les yeux d'Iris.
« Voilà sans doute un hôte du Marquis,
Dit-elle, « il est très-bien, faisons une visite
» Au voisin, je veux voir si ce beau Cavalier
» En bonne mine auroit tout son mérite,
» Il faut un peu l'étudier.
Elle vient, un beau rouge en entrant la colore,
Damis qui la regarde avec attention,
Par ses regards l'augmente encore ;
Ils sont seuls un moment, heureuse occasion !
Damis lui jure qu'il l'adore ;
Elle paroît surprise, & son émotion
De charmes nouveaux la décore.
Jadis en pareil cas, on rougissoit toujours,
Défaut passé de mode ainsi que le mystère ;
Mais ce qu'on a continué de faire,
C'est qu'elle crut Damis, & qu'au bout de deux jours
Elle lui répondit. Les échos de Cithère
Firent dès-lors leur principale affaire,
De répéter à cent petits amours,
Leurs sermens de s'aimer, & leurs tendres discours.

Se trouvoient-ils en compagnie,
On se serroit la main, on se parloit des yeux,
Quel langage a plus d'énergie,
Pour deux cœurs bien épris qu'Amour veut rendre heureux!
J'ai prévenu le Lecteur bénévole
Sur les vices de mon héros;
Il avoit la tête un peu folle,
Où sont-ils ceux qui n'ont point de défauts?
Or certain jour qu'il vit Iris chez elle,
Il la trouva si piquante, si belle,
Que.... l'on m'entend assurément.
Mais soit qu'il s'y prit mal, soit que dans ce moment,
Iris eut résolu de se montrer cruelle,
Soit grimace, tempérament,
Ou par vertu, comme bien d'autres femmes;
(Car je déclare hautement
Que je crois fort à la vertu des Dames)
Il fut repoussé vertement,
On lui reprocha vivement
Son entreprise criminelle.
Damis réfléchit un instant,
Changea de ton, & lui dit tendrement,
« A mes desirs, soyez toujours rébelle
» Oui, l'amour, belle Iris, demande un
» aliment

» Entretenu par l'espérance
» L'ingrat meurt dans la jouissance ;
» Des liens d'une vive ardeur ;
» Pourquoi faut-il qu'on se dégage ?
» Je suis heureux, j'ai votre cœur,
» Je ne le serai plus si j'obtiens davantage.
Un aussi sot propos peut donner de l'humeur ;
Aussi d'Iris il échauffa la bile ;
» Monsieur, répondit-elle, il me sera facile
» De vous conserver ce bonheur,
» Votre conseil m'étoit fort inutile,
» Il vous fait un peu trop d'honneur.
Damis se tut. Que dire ? une affreuse migraine,
Ce mal si familier près de quelqu'un qui gêne,
Termina bientôt l'entretien,
Elle congédia le galand. Et fit bien ;
Que ne retenoit-il sa langue ?
Pourquoi lui faisoit-il cette inepte harangue ?
Pourquoi ? Censeur, je n'en sais rien.
J'ai copié ceci d'un manuscrit gothique
Qui se tait sur tous ces points-là ;
Et quant à moi, qui ne me pique
Que de bien copier, je le suis en cela.
J'aime l'exactitude, & jamais je n'altère ;
Un Ecrivain hardi vous auroit sans mystère
Mis du sien au récit, il l'auroit arrangé ;
Il l'eut brodé, tronqué, changé :
Mais quoi, chacun n'a pas les talens de V...

Cependant de Damis la naiſſante faveur
Perdit beaucoup dans cette circonſtance,
On ne recevoit plus ſes ſoins qu'avec froideur,
Diſtraction ou nonchalance.
Venoit-il voir Iris,
Elle eſt, répondoit-on, ſortie, elle repoſe,
Un autre jour c'étoit une autre choſe,
Il étoit ſûr de ne pas être admis.
On dit qu'alors, c'eſt un très-bon ſyſtême
De ne point perdre de terrein,
De ne rien voir, d'aller toujours ſon train,
Sauf un meilleur avis, je penſerois de même.
Mons Damis du ſuccès ſe prétendoit certain,
En pratiquant juſqu'à la fin
Cette maxime non pareille.
Auſſi ſans prendre garde au mépris, au dédain,
Qu'on avoit eu pour lui la veille,
Il revenoit le lendemain.
Ami Lecteur, vous ſavez qu'au Village
On n'eſt pas entouré de l'immenſe Equipage
Qu'à la ville on fait tant valoir;
Vous ſavez que l'on peut aller matin & ſoir
Dans toutes les maiſons ſans trouver à la porte,
Un large Suiſſe à barbe forte,
Qui vous ſifle, & ſon Maître, & ceux qui vont le voir;
Et ſans être obligé de percer la cohorte

De vingt faquins, fainéans par devoir,
Et payés par un ſot pour lui ſervir d'eſcorte.
Claude lui ſeul eſt Cuiſinier,
Portier, Laquais & Palfrenier ;
Enſuite on a Marthe ou Liſette,
Qui ſert de façon de Soubrette,
Et voilà tout. Un beau matin Damis,
Comme entre gens de connoiſſance,
A la Campagne il eſt permis,
De s'écarter un peu de la triſte décence :
Vertu nouvelle inconnue entre amis.
Damis donc un matin, s'en va chez ſa Déeſſe.
Liſette étoit abſente, & ſa belle Maîtreſſe
Dormoit alors tranquillement.
L'Amant uſant du privilége,
Pénètre dans l'appartement.
Il faiſoit chaud, un ſein plus blanc que neige,
Un col d'albâtre, un bras charmant,
S'offrent d'abord à ſa vue enchantée ;
Il les conſidère un moment ;
Mais à ces doux objets ſon ame eſt tranſportée.
Il s'agite, il ſoupire ; Iris au même inſtant
Se réveille, le voit, dans ſon lit ſe rejette,
Parcourt Damis des yeux ; & demeure muette
De colère ou d'étonnement.

A ſes genoux tomba, le bon Apôtre ;
» Ah pouvez-vous, lui dit-il, triſtement,
» Par vos rigueurs percer cruellement
» Un cœur qu'amour pour toujours a fait
» vôtre,
» Vous que ce cœur adore, objet cher...
» Vous, m'aimer ?
» Vous qui jamais n'avez ſçu m'eſtimer ?
» Dont les diſcours offenſans pour ma
» gloire,
» M'ont laiſſé voir le plus lâche ſoupçon.
» Vous m'aimez ? Vous ? je ne le ſçaurois
» croire,
Lui répondit Iris. Eh ! perdez la mémoire
» De cet inſtant où privé de raiſon,
» Je pus vous offenſer, lui répliqua le Sire,
» Charmante Iris, un inſtant de délire
» Sur votre eſprit aura-t-il plus de poids
Qu'un mois entier de ma perſévérance ?
Il lui ſerroit le boût des doigts.
» Laiſſez, Monſieur, il n'eſt pas d'appa-
» rence
» Qu'on ait ſitôt oublié vos avis.
» Quelle perte pour vous, s'ils n'étoient
» pas ſuivis !
» Laiſſez. Alors pourtant avec molleſſe,
Elle tâchoit de retirer ſa main,
Lorſque l'amour qui ſe montra ſoudain,
Fut pour l'Amant. Qu'auroit fait la Maî-
treſſe ?

Il décida même pour un baiser:
Iris envain voulut le refuser,
Le scélérat. L'Amour ce petit traître,
De ce baiser, fit un baiser si doux,
Qu'adieu dépit, adieu haine & courroux,
Du cœur d'Iris il se rendit seul maître:
Pleurs précieux qui craignent de paroître;
Soupirs éteints, vifs transports retenus,
Tendres regards, désirs qu'on sent renaître,
Qu'on veut cacher. O! trop heureux Damis!
De ces instans il connut tout le prix,
Roses & lys, sa main voluptueuse
Put à son gré cueillir facilement;
De Cupidon la cour tumultueuse
Couvrit de fleurs & l'un & l'autre amant.
Rien n'y manqua: tendre ravissement,
Ardens transports, langueur délicieuse;
Combien ce jour s'écoula promptement!
On se quitta, mais ce fut pour attendre
Un lendemain; Cloton le fila d'or,
Et le suivant, & plus d'un autre encor.
Mais enfin à Paris, Damis devoit se rendre;
Son Iris qu'il juroit d'adorer constamment,
Iris suivit un amant jeune & tendre.
Peut-on se défier d'un amoureux serment?
Dans un premier amour porte-t-on la prudence

Jusques à soupçonner son Amant d'inconstance ?
Devoit-il la quitter ? non ; il le fit pourtant ;
Lucinde moins aimable, enflamma le volage,
Iris piquée au vif d'un si sensible outrage,
En reproches amers exhala son courroux.
» Eh ! belle Iris, de quoi vous plaignez-vous ?
Lui dit Damis, usant de tout son avantage,
» Vous avez négligé mon conseil, entre
» nous ;
» Pourquoi cesser d'être cruelle ?
Le monstre ! Iris sentit l'amour s'éteindre en elle,
Le mesura des yeux, sans daigner lui parler,
Lui fit la moue, & sut se consoler
Entre les bras d'un amant plus fidelle.

Comme je connoissois les beaux Esprits, je ne fus point leur dupe. Les louanges dont ils me comblerent à l'envi, me firent connoître que mon Conte ne valoit pas grand chose ; mais je fus bien plus encore convaincu de sa médiocrité, dès qu'ils eurent voulu me persuader de le faire imprimer chez J. . . avec Estampe, Vignettes & Cul-de-lampe. Je résistai, & c'est plus à l'indulgence que vous m'avez toujours témoignée, qu'à mon amour propre, que vous en devrez la lecture.

En général, ce n'est que dans leurs Ouvrages qu'il faut voir nos Auteurs; ils sont presque toujours insoutenables dans la Société. Narcisses incorrigibles, rarement ils excusent des défauts dans les autres, & jamais ils ne pardonnent le ridicule. Avides d'une vaine fumée qu'ils appellent la gloire; il n'est intrigues sourdes, manœuvres indignes, bassesses méprisables, qu'ils ne soient capables de faire pour en acquérir; ce qui est assez étonnant, puisqu'au fond de leur ame, il n'est aucun d'eux qui ne s'adjuge sans façon la première place. Peut-être leur orgueil est-il blessé de voir que tout le monde ne soit pas de leur avis, ou peut-être la prédilection intérieure dont ils s'honorent, a-t'elle besoin de porter sur l'estime de ceux qui les entourent. On pourroit même croire que leur passion pour la renommée tient à ces deux idées, puisque pour être leur ennemi, il ne faut que dire du bien de leurs rivaux, ou posséder l'espèce de mérite auquel ils prétendent. Lisez leurs écrits : c'est la vertu, la raison, l'humanité, dont ils défendent la cause. Voyez-les de près : vous êtes tout étonné de trouver des hommes sans mœurs, sans principes, de francs charlatans, qui font parade d'un vain babil, & qui dans le fait, n'ont d'autre Dieu que leur intérêt personnel, qui de la même bouche dont ils ont vanté la modération & la probité, déchirent & calomnient leurs Confrères ; & si comme dans le siècle des Scaliger, des Cardan & des Muret, ils ne se traitent pas précisément de fous, de fripons, de bêtes, d'Athées, & de descendans des Concitoyens de Loth, le Public n'y perd rien. Un malheureux n'empoisonne pas moins sûrement, en frottant de miel les bords de la coupe qui contient le breuvage mortel ; encore ne faut-il pas tant prôner leur retenue, depuis qu'un des premiers d'entr'eux a si bien sçu allier dans les petites gaités qu'il nous a données, le persifflage du petit Maître le plus élégant, aux injures les plus grossières d'un Matelot Hollandois, ou d'un Porte-faix de la nouvelle Halle.

Cependant j'avois pris une sorte de consistance dans l'aréopage Littéraire ; & Madame de Broncourt me jugeant des connoissances suffisantes en Astronomie, désigna le grand jour où nous devions observer ensemble. Il étoit à-peu-près dix heures & demi du soir, lorsque nous montâmes à l'Observatoire formé par une terrasse d'environ dix pas de long sur huit ou neuf de large. Avant d'y arriver, on rencontroit un petit appartement mieux meublé que les Cabinets des Astronomes ordinaires ; on y voyoit parmi les Astrolabes, les Globes, les Lunettes, les Microscopes, & les autres instrumens de Mathématiques qui en tapissoient les murs ; quelques Estampes fort gaies, une Ottomane, & deux chaises longues chargées de coussins.

En y entrant, Madame de Broncourt, qui se trouvoit fatiguée, se jetta sur son Ottomane, tandis qu'avec la bougie, j'examinois les ornemens de ce joli réduit. Par hasard ou autrement, la lumière s'éteignit entre mes mains, & nous nous trouvâmes dans l'obscurité. Madame de Broncourt, que je croyois devoir me gronder, n'en fit rien ; j'en fus fâché : car m'étant arrangé pour l'être, son silence déconcertoit toutes mes mesures. Il falloit pourtant nous rejoindre ; « Madame, lui dis-je, voudriez-» vous me donner la main ? Je ne sçais pas ce qu'elle me répondit, ni comment il arriva, que ce ne fut pas sa main que je rencontrai; mais ma maladresse, dont elle ne se plaignit point, étoit d'un genre à me mériter toute son indignation, si j'eusse cherché à la réparer autrement qu'en la poussant à bout. J'eus presque honte de la facilité avec laquelle cette femme, si fort au-dessus des passions, cédoit à la mienne. A moins qu'elle ne crut conserver toute sa sublimité, par un certain air digne, & par le silence constant qu'elle gardoit dans les plus doux momens. Il étoit tel, que sans quelques soupirs qui lui échapperent, il n'auroit tenu qu'à moi de me croire en bonne fortune avec la Maîtresse de Pigmalion.

Quand nous fûmes un peu revenus à nous mêmes, ma silentieuse Déesse tira d'une petite armoire, tout ce qu'il falloit pour rallumer la bougie; & lorsqu'à la clarté je voulus lui témoigner ma reconnoissance par mes car-

resses : « Prudence, discrétion & fidé-
» lité ; j'ai juré de les réconcilier avec
» l'amour, me dit-elle : Chevalier,
» soyez sage, on peut nous épier, &
» cette lumière nous trahir vous &
» moi. » Je me le tins pour dit. Nous descendîmes gravement ; & quand je lui donnai le bon-soir, elle m'indiqua tout haut, un autre jour de la semaine pour continuer ce que nous avions commencé.

Une Comette nouvelle qui paroissoit alors sur l'horison, fournissoit un prétexte à nos fréquentes observations. Bientôt nous en eûmes une suite fort honnête. Madame de Broncourt me parut y prendre goût ; je m'en apperçus aux paroles entrecoupées, à quelques démonstrations vives & tendres, qu'elle ne pouvoit plus retenir dans certains instans de l'observation, & surtout au ton froid qu'elle prenoit avec moi, pendant que nous étions en cercle.

L'Extérieur composé que l'on emploie pour cacher une intrigue, est un ressort usé qui ne trompe plus personne. Il est impossible qu'après un temps, on ne démente son air sévère, au moins par une politesse pour celui qu'on aime; or, cette simple politesse, indifférente à l'égard d'un autre, frappe quand elle s'adresse à quelqu'un que l'on affecte de maltraiter; en outre il est des momens où, malgré ses résolutions, la Prude la plus réservée va, par un coup d'œil animé, réveiller la volupté dans le cœur de son Amant, & la curiosité dans l'esprit de la compagnie. On pense volontiers le mal dans le siécle où nous sommes: il n'en faut pas davantage pour faire naître des doutes: on interroge, on corrompt les Domestiques, on vous épie; & bientôt les soupçons se changent en certitude.

Quoiqu'il en soit de la manière dont ma bonne fortune fut découverte, elle le fut; & un beau jour ma savante Maîtresse fut nichée dans un *flon-flon*, & moi côte-à-côte avec elle. Un des beaux Esprits de notre Société, vint le lui communiquer en confidence, & en se récriant sur une abomination de cette espèce; nous sûmes depuis qu'il en étoit l'auteur.

L'Idole de Madame de Broncourt, après ou avant le plaisir, je n'oserois décider, étoit la réputation. Le Vaudeville avoit porté quelqu'atteinte à la sienne; elle crut que j'avois parlé : les observations cesserent; l'ennui vint se peindre sur sa phisionomie, & quant à moi, je me lassai si fort des conversations frivoles ou pédantesques, & souvent l'un & l'autre du sénat lettré; que je m'en retirai insensiblement, sans que l'on parut avoir envie de me retenir. Pour comble de bonheur, M. Marculfe revint tout à propos; je lui cédai la place, & je descendis du trône plus gaiement que je n'y étois monté.

Ce fut à-peu-près vers ce temps-là, que m'arriva cette aventure, que je puis bien nommer heureuse, puisque c'est elle qui m'a procuré le bonheur de vous connoître. Vous en sçavez déja le fond, Madame ; mais comme vous m'avez ordonné l'exactitude & la sincérité, je vais la reprendre d'un peu plus haut, & vous en donner tous les détails.

Un jour que j'allois chez Mademoiselle Desforts, je rencontrai sur l'escalier une petite fille qui pleuroit. Je lui demandai ce qu'elle avoit, elle me répondit qu'elle avoit faim ; je lui dis qu'il falloit demander à sa Mere de quoi manger. « Ma Mere, répliqua-t'elle, a faim aussi bien que » moi, nous n'avons point de pain. » Cette réponse me pénétra ; j'entrai chez Mademoiselle Desforts, & je lui fis part, le cœur serré, de ce que je venois d'entendre. Mon récit la toucha ; ce jeune enfant qu'elle connoiſſoit, demeuroit avec ſa Mere au ſixieme; nous y montâmes. Vous retracerai-je le tableau de misère affreuſe dont nous fûmes ſpectateurs! Dans un coin de grenier, étoit un réduit fait avec de vieilles planches. La porte n'en étoit pas fermée; pour tout meuble, nous y apperçûmes un tas de paille briſée, un pot à l'eau dont les bords caſſés, avoient été rejoints avec du fil d'archal, deux aſſietes, & un reſt de plat: ſur la paille, une femme à demi-couverte de haillons, relevoit péniblement ſa tête, & s'appuyoit ſur ſon coude pour nous conſidérer: ſes yeux paroiſſoient deſſéchés; on voyoit la trace profonde de ſes larmes le long de ſes joues avalées; ſa peau jaune & livide, laiſſoit percer la forme de ſes os: la petite fille remontée avant nous, couchée à ſes pieds, appelloit en pleurant ſa mere; elle ne lui répondoit pas; elle ne nous dit rien à nous-mêmes.

Au premier aspect de cette scène d'horreur, Mademoiselle Desforts fit un cri, elle vouloit parler à cette femme. « Mademoiselle, lui dis je, ce » ne sont pas des consolations, ce sont » des secours qu'il faut ici. » Je vuidai ma bourse sur les genoux de la malheureuse à qui mon action ne fit pas interrompre son silence, mais sa poitrine se gonfla d'une manière violente dont je craignis les suites : je pris la main de Mademoiselle Desforts ; nous redescendîmes : & elle donna des ordres pressans à ses gens, pour le soulagement de ces déplorables victimes de l'indigence. Ils trouvèrent la Mere versant un torrent de larmes, & l'enfant qui tâchoit de les essuyer avec ses petites mains ; ils leur firent prendre quelques gouttes de vin à l'une & à l'autre, & ensuite un peu de bouillon, & quand ces Estomachs furent accoutumés au liquide, on leur donna d'autres alimens, qui au bout de quelques jours les rétablirent tout-à fait.

Je m'informois avec ſoin, lorſque je voyois Mademoiſelle Desforts, de l'état de cette pauvre famille. Une fois elle ne m'en donna pas d'autres nouvelles que de l'envoyer chercher. la Mere vint, qui me remercia avec beaucoup de décence, & qui ſur la première queſtion que je lui fis, me conta ſon Hiſtoire.

Elle étoit née à vingt ou vingt-cinq lieues de Paris. Son Pere & ſa Mere, morts preſqu'en même temps, l'avoient laiſſée orpheline dès l'âge de quatorze ans. Une de ſes Tantes, l'appella dans la Capitale où elle demeuroit, & la plaça auprès d'une Dame, dans l'année de ſon arrivée. Jeune & jolie, le fils de cette Dame en étoit devenu amoureux. Ses tranſports, ſes préſens, la perſpective d'une voiture & d'une belle Maiſon, l'avoient déterminée à l'écouter. Dix-huit mois de jouiſſance, firent de ſon Amant un inconſtant qui l'abandonna. il eut des ſucceſſeurs, le dernier chéri tendrement, étoit mort depuis huit ans, lui laiſſant une fille & une penſion par ſon Teſtament. Des Parens avoient attaqué cet acte, qui fut caſſé, & la reſſource du travail lui reſta ſeule pour vivre. Elle en avoit ſubſiſté trois ans, comme elle avoit pu avec ſon enfant; mais une maladie longue & ſérieuſe, ayant conſumé tout ſon avoir; dans ſa convaleſcence, elle avoit été obligée de vendre pièce à pièce tous ſes meubles; bientôt elle s'étoit trouvée réduite à la plus cruelle extrêmité. Quelques perſonnes de ſa connoiſſance, à qui elle avoit fait écrire, n'avoient pas répondu; ſe voyant ſur le point de manquer de pain, elle avoit eu le courage de s'en paſſer trois jours, pour le réſerver à ſa fille, c'étoit dans le moment où il lui manquoit entiérement, que nous l'avions ſi genéreuſement » aſſiſté.

assistée. « Ainsi, ajouta-t'elle, votre
» bienfait si essentiel par lui-même,
» devient d'un prix infini pour moi,
» dans cette conjoncture, & sera tou-
» jours au-dessus de tout ce que je
» pourrois entreprendre, pour vous
» témoigner ma reconnoissance. »

Je louai beaucoup sa piété maternelle. Mademoiselle Desforts lui dit, que désormais elle devoit être tranquile, qu'elle ne se borneroit pas au peu qu'elle avoit fait, qu'elle la prioit d'accepter un louis par mois, & le payement de son loyer, & que joint à son travail, ce léger secours l'empêcheroit d'être si gênée.

Vous avez vû comment & pourquoi je me brouillai avec Mademoiselle Desforts. Quelques temps après notre rupture, je fus tout étonné de voir cette femme entrer chez moi. Je lui demandai ce qui l'amenoit. Elle me répondit qu'elle espéroit que je ne lui sçaurois pas mauvais gré de sa démarche, mais que la tristesse & le désespoir de Mademoiselle Desforts dont elle avoit été témoin, la pitié qu'elle lui inspiroit, & sa générosité à son égard qu'elle n'oublieroit de sa vie, l'avoient fait hasarder à me venir parler, qu'elle me conjuroit de la revoir, & de renouer avec elle, puisqu'au fond, une extravagance amoureuse portoit son excuse auprès d'un Amant. Je lui dis que ma résolution étoit prise de rompre cette liaison sans retour; que je connoissois mieux qu'elle le caractère de cette Demoiselle, & que j'étois sûr de son inclination à se consoler d'un chagrin tel que celui que mon absence pouvoit lui causer. Je la pressai ensuite de me dire comment elle avoit été instruite de notre querelle. Elle m'apprit que les Domestiques accourus au bruit, avoient trouvés cette folle de Desforts, la tête encore en feu, que comme ces gens ne sont pas fort secrets, une aussi singulière circonstance avoit fait éclat dans la Maison, & que tout le monde en parloit, les uns d'une manière, les autres d'une autre. (Jugez si cette petite particularité devoit fort m'engager à m'y remontrer) que s'étant présentée à son ordinaire chez Mademoiselle Desforts, d'aussi loin que celle-ci l'avoit apperçue, elle lui avoit crié, je ne veux plus ni vous voir ni vous rien donner, après la manière dont votre beau Protecteur s'est conduit avec moi ; qu'effectivement elle avoit tenu parole, mais que la douleur où elle sçavoit sa Bienfaitrice plongée, lui avoit fait prendre de son chef la liberté de venir essayer de me fléchir en sa faveur. Je la rassurai de nouveau sur le chapitre de la tristesse ; j'ajoûtai que j'étois fâché de ce que notre brouillerie empêchoit Mademoiselle Desforts de faire une bonne action, & je lui promis que je m'en chargerois moi-même, & continuerois la petite pension qui lui avoit été faite à mon occasion.

Il faut que les actes gratuits d'humanité, ſoient bien rares dans notre ſiècle. Elle crut rêver en m'écoutant, & quand enfin elle ſe fut bien convaincue que ma promeſſe étoit très-réelle & très-ſérieuſe, elle m'exprima ſa ſenſibilité avec le plus vif enthouſiaſme. Ses tranſports me toucherent : en vérité, j'eus honte du peu que je faiſois, & je m'en trouvai trop payé. Cette dépenſe n'étoit preſque rien pour moi : je ne jouois plus ; je n'ai jamais acheté mes plaiſirs ; & j'avois ainſi de l'argent de reſte.

Deux ans s'écoulèrent, pendant leſquels je fus exact envers ma penſionnaire. De temps à autre elle venoit me voir, & me conter ſes petites affaires. Un matin elle arriva d'un air miſtérieux. « Monſieur, me dit-elle, » je vais revenir dans un inſtant, vou» driez-vous écarter votre Domeſti» que, j'aurois beſoin de vous parler

» en particulier & dans le plus grand » secret. » Elle sortit. J'appellai mon Laquais; je lui donnai assez de commissions pour l'occuper le reste de la matinée, & lui défendis de rentrer, qu'il ne les eut toutes remplies.

Un demi-quart d'heure après la femme reparut. Elle s'assied, & me tint le discours suivant : Monsieur, vous êtes » mon soutien, mon appui, le plus » généreux des hommes, daignez m'é» couter, (craignant d'être interrom» pue) les années s'amassent sur ma » tête, bientôt je ne serai plus en état » de m'aider. Je ne veux pas abuser de » vos bontés. Je vous dois tout ; ma » vie, celle de ma fille. . . . ma fille. » Dieu veuille qu'elle soit plus heu» reuse que sa Mère. Je l'ai élevé jus» qu'ici dans une entière solitude. Il » y a trois jours que je la conduisis au » Palais Royal. On nous suivit. Le » Courier de l'Envoyé de. . . . . vint nous » faire de la part de son Maître, les

» plus belles propositions ; je les re-
» jettai. Hier l'Envoyé lui-même est
» venu chez nous les mains pleines
» d'or & de bijoux. Que vous dirai-je.
» Je lui demandai du temps, & ne
» lui ôtai pas toute espérance. O ! mon
» Patron ; je n'ai que Dorothée ; elle
» est gentille : la misère ne lui laisse
» pas la liberté d'être vertueuse : il faut
» qu'elle m'acquitte, qu'elle s'acquitte
» envers vous, avant de passer en
» d'autres mains. »

Moins je m'attendois à une chute pareille, plus l'excès de ma surprise fut grand. Sa fille étoit restée dans mon anti-chambre ; elle l'appella....
« Ma chere Dorothée, souviens-toi de
« ce que Monsieur a fait pour nous, je
» te laisse avec lui ; je viendrai te re-
» prendre, & sur le champ elle se retira.

Si le propos de la Mère m'avoit stupéfait, la beauté de la fille m'éblouit. De grands yeux noirs, pleins de feu ; un teint de Lys & de Roses ; une petite bouche vermeille, plus fraîche que la fleur nouvelle; une haleine aussi douce que l'odeur du Jasmin; un cou blanc comme l'yvoire; des trésors naissans, qui à la faveur d'une gaze claire, laissoient l'œil s'égarer voluptueusement; une taille élégante; la jambe & le pied d'une Nymphe: jamais je n'ai vu un même objet rassembler tant de charmes; & tous ces appas alloient avoir quinze ans dans huit jours: ainsi que me le dit Dorothée elle-même.

Elle m'avoit fait une grande révérence en rougissant, & en croisant ses beaux bras sur son estomach. « Venez, » charmante Dorothée, dis-je, en lui » prenant une main: venez vous asseoir auprès de moi. Je remarquai » qu'elle trembloit; ne craignez rien, » quand je serois le plus féroce de » tous les hommes, votre regard m'a» douciroit, & vous m'ôteriez bien » vîte le courage de vous faire du

» mal ». Ah ! Monſieur, me répondit-elle, avec un ſon de voix qui alloit au cœur. « Ma Mere m'a dit ſouvent que vous aviez bien des bontés pour nous . . . Des bontés . . . Ah ! je ſuis en reſte avec elle ſi vous voulez m'aimer. Dites, aimable Dorothée, voulez-vous m'aimer ? . . . Ma Mere m'a recommandé de vous aimer beaucoup, Monſieur . . . . Votre Mere vous a recommandé . . . . & ſçavez-vous pourquoi elle vous a amené ici ? . . . . Pour vous voir, Monſieur, nous vous avons tant d'obligations ! Elle me diſoit qu'elle vouloit que je fuſſe bien complaiſante avec vous ; mais je ne ſçais pas pourquoi elle étoit toute troublée en m'habillant ; il m'a ſemblé qu'elle avoit les yeux rouges, comme quelqu'un qui vient de pleurer.

Son air ingénu, ſon minois gracieux & ce vernis d'innocence répandu du sur ses paroles & sur tous ses gestes, m'embraserent violemment. Je pris sur sa bouche de corail un baiser de flamme: elle ne se défendit pas. Ces pommes qui croissoient sur l'arbre d'amour, je voulus les cueillir: elle me laissa faire; cependant elle n'étoit point émue, son cœur ne parloit pas: c'est ainsi que la jeune Syrinx ne fut qu'un froid roseau entre les bras du Dieu des Bergers.

Entraîné par mes desirs, je devins plus téméraire, & j'allois sans doute... quand Dorothée, qui avoit les deux mains sur son visage, lâche la bonde à ses larmes, détourne la tête, se met à crier: « Isidore, mon pauvre Isidore, & se débarrassant de moi elle tombe à mes pieds: « Oh! ma Mere,
» Oh! Monsieur, pardonnez-moi...
» écoutez-moi, Monsieur, je ne sçau-
» rois... Je ne puis... Oh! mon
» Dieu, faites-moi mourir.

L'étonnement, le chagrin de rencontrer en ce moment un obstacle à mes plaisirs, & l'impression de douleur que me causoit la sienne, m'agitoient cruellement. Je ne songeois pas à relever cette tendre enfant, qui pleuroit à mes genoux. Enfin étant un peu revenu à moi-même ; je me jettai sur un siége : elle en fit autant. Je n'ai jamais conçu ces hommes remplis ou de brutalité ou d'amour-propre, qui contens de gouter le plaisir, ne s'embarrassent pas de le procurer. Je demandai à Dorothée, qui étoit cet Isidore qu'elle regrettoit tant : voici ce qu elle me répondit :

» Isidore est un cousin de ma Mere, » qui vint à Paris il y a six mois. Son » pere étoit vieux ; il envoya son fils » solliciter pour lui-même un nouveau » bail de sa ferme ; le Maître lui de» manda une caution : il n'en put pas » donner une tout d'abord, & pendant » ce temps, des Messieurs qui sont à » Paris en offroient davantage ; Isidore

» fut refusé. Il étoit si chagrin, qu'il » n'osa pas retourner dans son pays. Ma » Mere le nourrissoit; elle lui proposa » d'entrer en maison : il ne voulut » pas; mais pour ne pas nous être à » charge, il se mit Porteur d'eau. Il » travailloit toute la journée, & puis le » soir, il nous apportoit tout l'argent » qu'il avoit gagné. J'avois eu beau- » coup de joie à voir qu'il restoit à » Paris; mais j'en eus bien encore » plus, après qu'un jour, il m'eut » dit : ma Cousine, c'est par rapport » à vous tant seulement que je reste » ici. Si j'ai été si triste de ne pas » avoir la ferme de mon Pere, c'est » parce que je voulois proposer à vo- » tre Mere, de vous marier avec moi, » & de venir avec nous au Pays. Ma » petite Cousine, cela vous auroit-il » fait de la peine ? Oh ! non, mon » Cousin, lui répondis-je, au con- » traire, je vous assure que j'en aurois » été bien-aise. Quand je lui eus dit

» cela, il se mit à pleurer : je ne sçais » pas si c'étoit de tristesse; moi, je » me mis à pleurer aussi; mais je n'a- » vois pas le cœur serré comme quand » il est parti, il y a quinze jours. Ah! » le pauvre Isidore, comme il étoit » aussi désolé lui-même. Son chagrin » m'oppressoit; il me pesoit presque » plus que le mien.... Et pourquoi » vous a-t-il quitté? Son Pere est » mort, sa Mere lui a écrit qu'elle » avoit besoin de lui : il est parti. » Ma Cousine Dorothée, me dit-il, » en s'en allant, il n'y avoit rien au » monde que ma Mere, qui pût me » faire sortir de Paris. Ah! Monsieur, » je suis bien triste, je ne serai jamais » la femme de mon Cousin, ma Mere » me l'a dit, & je l'aimerai toujours... » Et comment est-il fait votre Cou- » sin? Il est un peu plus grand que » vous, ses cheveux sont blonds, ils » frisent tout seuls, ses yeux sont... » Ah! Comm'il faisoit sauter mon

» cœur quand il me regardoit ; il avoit
» les lévres plus rouges que vous ; &
» puis de jolies couleurs. Il étoit un
» peu devenu maigre depuis qu'il étoit
» ici : cela n'étoit pas étonnant, il
» avoit tant de fatigue . . . De ſorte que
» vous me trouvez plus laid que lui ? . .
» non pas, mais . . . . Mais quoi ? . . .
» je . . . . je le trouvois plus beau.

Je ſouris à cette réponſe de la ſimple nature. Sa préſence réveilloit mes deſirs, ſon diſcours m'attendriſſoit. il ſe fit en moi un combat furieux ; l'amour, l'honneur, les ſens, la raiſon : le choc fut rude, le devoir l'emporta. Je me levai bruſquement, & je recommandai à Dorothée de m'attendre.

Elle avoit dans ſa narration, nommé le pays d'Iſidore. C'étoit le même endroit où j'avois envoyé la premiere Partie de mon Hiſtoire. Je ſçavois que mon ami y poſſédoit du bien. Depuis long-temps il étoit ſon Maître. Je courus chez lui, & après lui avoir raconté ce que je viens de vous dire, je le pressai de s'intéresser pour Isidore. Rien ne pouvoit arriver plus à propos; un de ses Fermiers le quittoit, après avoir ramassé à son service dequoi acheter des terres qu'il alloit cultiver pour son propre compte. Il me donna sa parole pour le Cousin de ma petite, quoiqu'on lui eut déja présenté quelqu'un, & je retournai chez moi.

La Mere de Dorothée rentra presqu'en même-temps. « Madame, lui » dis-je, je crois trop vous connoî- » tre, pour ne pas être persuadé, que » le désespoir seul, pouvoit vous ré- » soudre à prendre le parti que vous » preniez au sujet de votre Fille. Vous » sçavez ainsi que moi le triste sort de » la plupart de celles que la trompeuse » amorce de la fortune jette dans le » désordre. Les premieres années de » la vie, se passent d'une maniere » brillante; mais ensuite les appas & » les Amans s'envolent tout à la fois.

» Les hôpitaux, & les asiles honteux, » réservés à la débauche, sont remplis de ces misérables, qui ont autrefois vêcu dans le plus grand » éclat, & à qui il ne reste aujourd'hui que la honte & les regrets » cuisans attachés à la suite du vice. » Dorothée aime son Cousin; il faut » qu'elle l'épouse. Je lui fis part de » ce que je venois de faire pour lui.

Cette femme n'étoit pas corrompue. Elle m'appella son bon Ange, son Dieu tutélaire; elle me remercia avec une effusion d'allégresse, qui ne pouvoit être comparée qu'à celle de sa fille. Dorothée me sauta au cou, m'embrassa, sans pouvoir parler. J'eus toutes les peines du monde à modérer l'excès de leur reconnoissance.

Il est doux de faire le bien; mais quand il a coûté un peu cher, il laisse dans l'ame une certaine estime de soi-même, qui double la satisfaction. Nous écrivîmes au Cousin qui accourut à

Paris. Il époufa fa Maîtreffe; mon ami, en faveur de la nôce, fe contenta de la moitié du prix de la Ferme pour la premiere année; je fis préfent de vingt-cinq Louis à la nouvelle mariée, qui partit avec fon Epoux & fa Mere quelques jours après, en me comblant de bénédictions. Tout ce monde eft heureux; j'ai contribué à leur bonheur; cette idée me le fait partager.

Mon ami vous conta cette avanture, Madame, vous applaudîtes à ma conduite. Il me le redit, & me fit naître l'envie de vous être préfenté. Vous daignâtes m'accorder cette faveur. Je vous vis, & ne vous quittai qu'avec le defir de vous revoir encore. La douceur de votre converfation, la beauté de votre caractère, l'égalité & la douceur de votre commerce, me firent connoître cette véritable volupté, après laquelle on court envain dans le tumulte & le fracas du monde. Ce n'eft qu'avec l'eftime fentie, & la confiance entière qu'on peut la rencontrer, mon expérience me l'apprend tous les jours.

Je fus quelques-temps à m'appercevoir que je vous aimois : je ne me trouvois bien qu'auprès de vous, il est vrai ; je m'occupois volontiers de votre idée : vous remplissiez mon ame ; mais c'étoit d'une manière douce, sans fureur, sans yvresse. M'arrivoit-il quelque événement ? Ma premiere pensée étoit toujours d'aller vous faire part de ma joie ou de mon chagrin. Rencontrois-je dans mes lectures quelques traits frappans ? Ou je me rappellois d'abord de vous avoir entendu dire les mêmes choses, ou je me plaisois à songer que je vous en entretiendrois. Je ne prenois pas tout cela pour de l'amour, parce que mon respect étouffoit mes desirs, & votre vertu mes espérances.

C'est à ce maussade Baron dont vous avez eu tant de peine à vous défaire, que je dois la connoiſſance de l'état de mon cœur. Il prétendoit à votre main. Il étoit sûr de votre honnêteté, diſoit-il, puiſque s'étant trouvé pluſieurs fois avec des Prudes & des Petits-Maîtres de votre connoiſſance, il avoit toujours vû les femmes ſe taire ; tandis que tous les hommes de concert, faiſoient votre éloge. Je ne pouvois pas ſouffrir le perſonnage ; en m'examinant, je conçus que je l'aurois moins haï, ſi je ne vous eûſſe pas aimée. Il vous ſouvient de l'eſpèce d'acharnement avec lequel je le contrariois. Je crois, Dieu me pardonne, que je l'aurois contredit, s'il vous eût louée. Vous-même me demandâtes un jour d'où provenoit mon aigreur contre lui. Je n'y tins pas : « Comment voulez-vous que je puiſſe être d'accord » avec un homme qui penſe à devenir » votre Epoux ? vous répondis-je ; ah! » me dites-vous, rendez-lui votre » bienveillance, ſi c'eſt-là le ſujet qui

» vous le fait haïr. M. le Baron peut » mériter mon eſtime ; mais jamais il » n'obtiendra de moi d'autres ſenti- » mens, & celui-là ne me ſuffira pas » pour diſpoſer une ſeconde fois de » ma liberté. » Comme ſi cette réponſe eût contenu quelque choſe de flateur pour moi, je vous pris la main, & je la baiſai avec ardeur. Je ne ſçavois ce que je faiſois. Vous me regardâtes ; je revins à moi : je n'oſai pas jetter les yeux ſur vous. Depuis, vous m'avez dit, que je vous avois fait pitié.

De retour chez moi, je réfléchis ſur ma ſituation actuelle. Je ſentis toute la différence des feux folets qui m'avoient amuſé l'imagination juſqu'à ce moment, au goût ſolide que vous m'aviez inſpiré. Ce n'étoit pas un vain délire qui m'agitoit ; c'étoit une perſuaſion intime, que la félicité m'attendoit auprès de vous, & qu'elle dépendoit entièrement de l'union de mon ſort au vôtre.

Je vous parlai de ma paſſion ; vous m'écoutâtes ſans colère & ſans me répondre. Je vous en reparlai ſouvent depuis, & vous me permîtes d'eſpérer. Après une eſpace de temps qui me parut fort long, vous me promîtes que ſi dans un an je vous aimois encore, ſi nos humeurs ſe convenoient, vous me promîtes que vous conſentiriez à changer de nom. En attendant, vous exigeâtes de moi une confiance ſans bornes. Vous m'en donnâtes l'exemple. C'eſt-là, me diſiez-vous, le lait de l'amour ; & vous avez raiſon ſans doute ; une femme accorde quelquefois des faveurs aſſez légèrement ; mais l'objet de ſa confiance, eſt ſûrement choiſi par ſon cœur, & approuvé par ſon eſprit.

Je viens de vous donner une preuve de la mienne, telle que vous l'avez deſirée. Soyez généreuſe en faveur de mon obéiſſance ; abregez le temps de ma pénitence. Ne craignez plus de nouvelles erreurs. Je vous connois ; ſi vous étiez moins modeste, vous jugeriez que cela suffit pour me garantir de toute autre impression. Songez que tous les jours qui reculent le moment où je vous jurerai d'être à vous pour jamais, sont autant de retranchés de mon bonheur. Eh! Quoi? faire un heureux; est-ce donc quelque chose de si commun, ou de si peu méritoire, que vous ne soyez pas tentée de presser la prefection d'un pareil ouvrage.

FIN.

www.ingramcontent.com/pod-product-compliance
Ingram Content Group UK Ltd.
Pitfield, Milton Keynes, MK11 3LW, UK
UKHW021143260726
13994UKWH00001B/275

9 782329 362830